Schriften
des
Vereins für Sozialpolitik.

Deutsche Zahlungsbilanz und Stabilisierungsfrage.

Im Auftrage des Vereins
veranstaltet von
Karl Diehl und Felix Somary.

166. Band.

Herausgegeben von Franz Eulenburg.

Dritter Teil.
Die wertbeständigen Anleihen
in finanzwirtschaftlicher Betrachtung.

Verlag von Duncker & Humblot.
München und Leipzig 1924.

Die wertbeständigen Anleihen
in finanzwirtschaftlicher Betrachtung.

Von

Dr. Rudolf Stucken.

Verlag von Duncker & Humblot
München und Leipzig 1924.

Alle Rechte vorbehalten.

Altenburg (Thür.)
Pierersche Hofbuchdruckerei
Stephan Geibel & Co.

Inhaltsverzeichnis.

		Seite
A.	Einleitung	1
	a) Das Schwinden des Papiermarkkredits und das Aufkommen neuer Anleiheformen	1
	b) Abgrenzung der Untersuchung	4
B.	Begriff und Wesen der wertbeständigen Anleihen	6
	I. Begriffliches	6
	II. Die wertbeständigen Anleihen und der öffentliche Haushalt schwankender Währung	9
C.	Verwirklichung der Anleihen	14
	I. Betrachtung unter den allgemeinen Gesichtspunkten für Anleihen	14
	II. Betrachtung unter den spezifischen Gesichtspunkten für wertbeständige Anleihen	23
	a) Die Wahl des Faktors und Art der Verbindung der Anleihe mit dem Faktor	23
	b) Die spezifische Deckung	31
	c) Die spezifischen Kosten	40
	III. Die Banken als Vermittler langfristigen wertbeständigen Kredits	45
	IV. Die Unterbringung und Kursgestaltung der wertbeständigen Anleihen	49
D.	Die Umstellung des öffentlichen Haushalts in Deutschland auf Goldmark und die Folgerungen für die Aufnahme wertbeständiger Anleihen	66
E.	Schluß	77

A. Einleitung.

a) Das Schwinden des Papiermarkkredits und das Aufkommen neuer Anleiheformen.

Die Kriegsjahre 1914/18 haben auf dem Anleihegebiet Höchsterfolge gebracht, welche aber doch nicht hindern konnten, daß am Ende des Krieges der Haushalt des Deutschen Reichs stark in Unordnung geraten war, und daß die deutsche Valuta bei Kriegsende bereits „krank"[1] war. Die deutsche Finanzpolitik der folgenden Zeit vermehrte das Übel, und in dem Maße, wie die Inhaber von Papiermarkforderungen durch die fortschreitende Geldentwertung expropriiert wurden, fand allmählich eine allgemeine Abkehr des Publikums vom Anleihemarkt statt. Eins der ersten deutlichen Anzeichen dieser Abkehr war der Mißerfolg der Sparprämienanleihe. Aber nicht nur der Markt für Anleihen öffentlicher Körperschaften, auch der langfristige Kredit für die Landwirtschaft, für die Industrie und für den städtischen Wohnungsbau schwand mehr und mehr dahin; man mied die Kapitalanlage in Markforderungen und suchte Anlage in Werten, welche bei der Geldentwertung ihren Wert bewahrten, wie Sachgüter, Aktien, Devisen u. dgl. In welchem Maße gerade in den letzten Jahren der Kreditmarkt für langfristige Papiermarkforderungen zusammenschrumpfte, dafür mögen einige Zahlen zur Illustration dienen, welche das Statistische Reichsamt zusammengestellt hat:

Emission von Schuldverschreibungen in Millionen Goldmark[2]).

Bezeichnung	1921	1922	1923
Industrie-Obligationen	107,4	33,2	2,7
Pfandbriefe usw.	57,5	63,8	}17,9
Staats- und Kommunalanleihen	78,7	11,7	

---

[1] Walther Lotz, Valutafrage und öffentliche Finanzen in Deutschland. Schriften d. Vereins f. Sozialpolitik. 164. Bd. München u. Leipzig 1923, S. 6.

[2] Wirtschaft u. Statistik, Jahrg. 1924, Heft 3, S. 91. Berechnet auf Grund der Börsenzulassungen unter der Annahme, daß die Ausgabe drei Monate vor der Börsenzulassung liegt; für 1923 nur Januar—Juli berücksichtigend.

Schon die Jahre 1921 und 1922 brachten für den Anleihebedarf der öffentlichen Körperschaften praktisch nichts, während tatsächlich ein ungeheurer Anleihebedarf vorhanden war. Bei den deutschen Ländern und Gemeinden war ein besonders großer Anleihebedarf dadurch gegeben, daß ihr Bedarf jahrelang hinter dem Kreditbedarf des Reiches hatte zurückstehen müssen. Es hatten im Laufe der Jahre Verschiebungen stattgefunden in der wirtschaftlichen Basis bedeutender Gemeinden und ganzer Bezirke (Braunkohlengebiet), wodurch große Neuanlagen notwendig wurden; bei den werbenden Anlagen war jahrelang vom Vermögen gezehrt, ohne daß Neuanlagen oder Verbesserungsbauten in nennenswertem Maße ausgeführt waren, so daß wesentliche Teile der Anlagen durchaus erneuerungsbedürftig waren; eine große Zahl geeigneter neuer Pläne lag vor, durch welche die Betriebe wirtschaftlicher gestaltet werden konnten, wenn nur das Kapital für die erforderlichen Anlagen beschafft werden konnte; die Kohlenknappheit drängte zur planmäßigen Ausbeutung der vorhandenen Wasserkräfte; der Baumarkt bedurfte der Kapitalzufuhr von seiten der öffentlichen Körperschaften, da die Wohnungszwangswirtschaft dem privaten Kapital den Anreiz nahm, sich auf diesem Gebiet zu betätigen. Es lag nicht allein ein dringender Bedarf vor, es bestand auch ein großes Interesse, zur Bekämpfung der Arbeitslosigkeit, der seitens aller öffentlichen Körperschaften große Beachtung geschenkt wurde, solche Bauten bald zur Durchführung zu bringen, und es war gleichzeitig infolge der Entwertung der alten Schulden durchaus verantwortbar, für solche Zwecke neue Schulden aufzunehmen. Das Reich half sich mit der Notenpresse, auch für Zwecke seiner großen werbenden Betriebe; Länder und Gemeinden wurden zwar auch für einen großen Teil ihres ordentlichen und außerordentlichen Bedarfs Kostgänger der Notenpresse, aber gerade für die genannten Zwecke blieb dabei nur wenig verfügbar. So ist es geradezu selbstverständlich, daß aus den Kreisen der Länder und Gemeinden das Drängen nach neuen Kreditformen entsprang. Zwar erhielt der Markt für Papiermarkkredite noch einmal neue Nahrung durch die Stabilisierungsaktion Februar/April 1923. Es wurde auch noch ein Versuch gemacht, die Papiermarkanleihe wieder zu Ehren zu bringen durch Einführung eines variablen Zinsfußes; aber bei der ungeheuerlichen Geldentwertung, welche bald darauf einsetzte, erwies sich auch dies Mittel als untauglich. Inzwischen war jedoch eine andere Anleiheform geschaffen und hatte sich in Kürze einen großen Markt erobert: die wertbeständige Anleihe.

Ein paar Worte zur Entstehung dieser Anleiheform. Sie ist in mancher Hinsicht nicht neu; es gibt einige historisch bedeutsame Beispiele von Anleihen, bei welchen die wesentlichsten Züge wertbeständiger Anleihen verwirklicht sind, z. B. einige Anleihen Österreichs und der Vereinigten Staaten von Nordamerika im 19. Jahrhundert[1]. Aber diese historischen Beispiele haben anscheinend wenig Einfluß auf die Entstehung wertbeständiger Anleihen in unserer Zeit gehabt. Wie obige Zahlen zeigen, war auch der Realkredit in den Nachkriegsjahren zu unbedeutenden Summen zusammengeschrumpft. Dadurch ist es erklärlich, daß zur gleichen Zeit, als von seiten öffentlicher Körperschaften an die Lösung der Anleihefrage tatkräftig herangegangen wurde, auch die Lösung der Realkreditfrage, wenigstens für die Landwirtschaft, bei der die Verhältnisse hierfür am günstigsten lagen, angestrebt wurde. Unabhängig voneinander kam es einerseits in Oldenburg, andererseits in Berlin zur Ausbildung besonderer Formen der wertbeständigen Anleihen. In Oldenburg wurde, den Ideen des Oberfinanzrats Stein folgend, durch Verordnung vom 29. August 1922 (veröffentlicht 1. Nov. 1922) die staatliche Kreditanstalt ermächtigt, Roggenanweisungen herauszubringen, aus deren Erträgnis sowohl der Kreditbedarf der öffentlichen Körperschaften wie auch der Realkreditbedarf der Landwirtschaft Befriedigung finden sollten; die staatliche Kreditanstalt begann im November mit dem Vertrieb dieser Anweisungen[2]. In Berlin kam es zur Gründung der Roggenrentenbank und der Deutschen A.-G. für Landeskultur, von denen die Roggenrentenbank im Dezember 1922 mit ihren Roggenrentenbriefen auf den Markt kam und die Deutsche A.-G. für Landeskultur die Vermittlung von Kapitalien der Versicherungsgesellschaften und anderer großer Geldgeber zu Meliorationszwecken auf wertbeständiger Grundlage aufnahm[3]. Etwa zu gleicher Zeit kam dann auch die erste langfristige Anleihe einer öffentlichen Körperschaft heraus, nämlich die Roggenwertanleihe des Freistaates Mecklenburg. Bald danach folgten die ersten Kohlenwertanleihen. Das Reich wie auch Preußen verhielten sich monatelang abwartend. Aber die neue Anleiheform war offensichtlich ihrem Wesen nach eine

---

[1] Siehe hierzu Adolf Wagner im Deutschen Wörterbuch, X. Bd. Leipzig 1867, S. 41, und v. Mensi-Klarbach im Österreich. Staatswörterbuch. 2. Aufl. VI. Bd. Wien 1909, S. 428ff.

[2] Nach persönlichen Mitteilungen.

[3] Nach persönlichen Mitteilungen.

Notwendigkeit; denn trotz mehrerer empfindlicher Rückschläge setzte sie sich siegreich durch und beherrschte den Anleihemarkt des Jahres 1923.

b) Abgrenzung der Untersuchung.

Für die nachfolgende Untersuchung hat sich der Verfasser nicht die Aufgabe gestellt, das Gebiet der wertbeständigen Anleihen in seiner vollen Breite zu behandeln. Denn es handelt sich hierbei zum Teil um ganz verschiedene Tatbestände, je nachdem wir die Frage des wertbeständigen öffentlichen Kredits, die Frage des wertbeständigen Kredits für die Zwecke der Industrie, der Landwirtschaft oder gar für den Wohnungsbau betrachten. In der vorliegenden Abhandlung sollen die wertbeständigen Anleihen dargestellt werden in finanzwirtschaftlicher Betrachtung, d. h. im Hinblick auf den Haushalt der öffentlichen Körperschaften. Dementsprechend sind in erster Linie für uns von Wichtigkeit solche Anleihen, welche von öffentlichen Körperschaften selbst herausgegeben sind. Eine große Zahl von öffentlichen Körperschaften, insbesondere kleinere Gemeinden, geben nun jedoch nicht eigene Anleihen heraus, sondern sie gehen langfristige Schuldverpflichtungen gegenüber geeigneten Bankinstituten ein, welche dann ihrerseits zur Beschaffung des Geldes Anleihen unter entsprechenden Bedingungen herausgeben. Auch diese Anleihen sollen nachstehend mit behandelt werden, da sie eine wichtige Form der Kreditbeschaffung für den öffentlichen Haushalt darstellen. Weiterhin soll berücksichtigt werden, daß neuerdings in verstärktem Maße zur Erfüllung von Aufgaben öffentlichen Interesses, welche sonst von den öffentlichen Körperschaften direkt erfüllt werden müßten, und welche dementsprechend den öffentlichen Haushalt belasten würden, Körperschaften in Formen des privaten Rechts gebildet werden; und zwar geschieht die Bildung solcher Körperschaften — zumeist in der Form der Aktiengesellschaft — vielfach gerade unter dem Gesichtspunkt der Kapitalbeschaffung für die zu erfüllende Aufgabe. Auch die Anleihen solcher Körperschaften, welche Aufgaben öffentlichen Interesses zu verfolgen haben, sollen nachstehend mit behandelt werden, wobei das Vorliegen der genannten Bedingungen praktisch daran erkenntlich ist, ob eine öffentliche Körperschaft die Bürgschaft für die Anleihe übernommen hat. Hingegen sollen Anleihen anderer privater Körperschaften, welche nicht öffentliche Aufgaben wahrnehmen, und deren Erträgnisse auch nicht für den Bedarf öffentlicher Körperschaften dienen sollen, nur vergleichsweise betrachtet werden.

Weiterhin soll das Untersuchungsgebiet in der Weise eine Einschränkung erfahren, daß vorwiegend auf deutsche wertbeständige Anleihen eingegangen wird. Auf eine eingehende Behandlung ausländischer Beispiele kann um so leichter verzichtet werden, weil die hauptsächlichen neueren Beispiele dieser Art, nämlich Anleihen verschiedener österreichisch-ungarischer Nachfolgestaaten, kürzlich eingehend dargestellt sind [1]. Auch diese Anleihen sollen deshalb nur vergleichsweise herangezogen werden [2].

---

[1] Dr. Friedrich Steiner, Notenbankpolitik und staatliche Anleihepolitik in den österreichisch-ungarischen Nachfolgestaaten. Schriften d. Vereins f. Sozialpolitik, 166. Bd., 1. Teil, München u. Leipzig 1924.

[2] Als Quellenmaterial für die Untersuchung müssen in erster Linie Prospekte der Anleihen und Zeitungsnotizen dienen. Hierbei mußte auf den Zweck der Prospekte, nämlich für die betreffende Anleihe zu werben, Rücksicht genommen werden, und es ist ihnen deshalb grundsätzlich nur Tatsachenmaterial und kein Urteil über den Wert der Anleihen entnommen. In gleicher Weise sind diejenigen Zeitungsnotizen behandelt, welche nicht kritischer Art sind und dementsprechend in der Hauptsache ebenfalls Werbezwecken dienen. Eine Nachprüfung der in Frage stehenden Angaben war dem Verfasser in vielen Fällen möglich, einerseits dadurch, daß er infolge frühzeitiger Mitarbeit an der Frage der wertbeständigen Anleihen mit einer großen Zahl von Stellen, welche solche Anleihen herausgebracht haben, in Verbindung stand, anderseits durch nachträgliche persönliche Erkundigungen bei einer Reihe von Banken, welche an der Herausbringung von Anleihen besonders beteiligt waren, sowie durch persönliche Mitteilungen, welche der Verfasser im preußischen Innenministerium erhielt. Für die Kursbewegung der wertbeständigen Anleihen konnte in der Hauptsache auf die amtlichen Notierungen der Berliner Börse zurückgegriffen werden, zum Teil mußten jedoch auch solche Kurse berücksichtigt werden, welche außerhalb der Börse zustande kamen. Hierbei mußte auf Mitteilungen von Banken zurückgegriffen werden, jedoch sind hier nur gleichzeitige und keine nachträglichen Mitteilungen berücksichtigt. Hinsichtlich der Unterbringung der Anleihen stützt sich der Verfasser auf Zeitungsnotizen und persönliche Mitteilungen. — Soweit in der Untersuchung die Prospekte und die sie ergänzenden Zeitungsnotizen als Quellenmaterial gedient haben, ist dies in den einzelnen Fällen nicht besonders erwähnt, da sonst eine fast ununterbrochene Anbringung des betreffenden Hinweises nötig gewesen wäre.

Bezüglich zusammenfassender kritischer Behandlungen der Frage der wertbeständigen Anleihen ist in erster Linie hinzuweisen auf die Arbeit von Prof. Dr. Karl Muß-Jena, Wertbeständige Kapitalanlagen, Jahrb. f. Nationalökonomie u. Statistik, 120. Bd., 5. (Mai-) Heft, S. 385ff. Die Arbeit behandelt besonders eingehend die volkswirtschaftlichen Auswirkungen der wertbeständigen Anleihen und verwandter Kreditformen. Ferner das Buch von Prof. Dr. Preyer, Roggenpapiere und Roggensteuern, Jena 1923; dasselbe behandelt die wertbeständigen Anleihen fast ausschließlich unter dem Gesichtspunkt des landwirtschaftlichen Realkredits.

B. Begriff und Wesen der wertbeständigen Anleihen.
I. Begriffliches.

Fragen wir uns nun zunächst, was wir unter dem Ausdruck „wertbeständige Anleihen" zu verstehen haben. Der Ausdruck Anleihe ist aus der finanzwissenschaftlichen Literatur hinreichend bekannt. Wir verstehen darunter „die großen Geldaufnahmen, durch die der Staat und die übrigen öffentlichen Körper, Eisenbahn- und sonstige Erwerbsgesellschaften, Korporationen oder auch einzelne Privatpersonen fremde Kapitalien ihrem Wirtschaftsbetriebe zuführen"[1]. Zur begrifflichen Abgrenzung der Anleihen gegenüber anderen Formen der Geldaufnahme ist das Moment wichtig, daß durch die Anleihe ein Schuldverhältnis begründet wird, was bei verschiedenen anderen Formen der Geldaufnahme, z. B. Gründung oder Vermehrung des Aktienkapitals, nicht der Fall ist; die Anleihe ist eine Kreditform, und zwar dient sie zur

---

Durch die Methode der Untersuchung erhält die Arbeit in hohem Grade den Charakter einer politischen Streitschrift, eine Auseinandersetzung mit dem genannten Buche kann nicht an einzelne Ergebnisse, sondern muß an die Methode der Arbeit anknüpfen. Da auch nur ein kleiner Teil des Buches sich mit dem in dieser Untersuchung behandelten Thema befaßt, ist auf eine Auseinandersetzung mit demselben an dieser Stelle verzichtet. Unter dem Gesichtspunkt der Einwirkung auf den öffentlichen Haushalt hat Ratsassessor Sefzat-Bautzen die wertbeständigen Anleihen behandelt in der Zeitschr. für Kommunalwirtschaft, Jahrg. 1923, Nr. 5 unter der Fragestellung „Wertbeständige oder Papiergeldanleihen?" Die Arbeit leidet unter der Fragestellung insofern, als eine Beschaffung größerer Kapitalien durch Papiergeldanleihen in jener Zeit (März 1923) bereits ausgeschlossen war. Verfasser ist in Nr. 7 der Zeitschrift für Kommunalwirtschaft den Sefzatschen Ausführungen entgegengetreten. Verfasser ist dann in seinem Referat „Kreditfragen unter besonderer Berücksichtigung wertbeständiger Anleihen", erstattet in der gemeinsamen Sitzung des Vorstandes und Arbeitsausschusses des Vereins für Kommunalwirtschaft und Kommunalpolitik am 6. April 1923 in Breslau, veröffentlicht in der Zeitschrift für Kommunalwirtschaft, Jahrg. 1923, Nr. 8, kritisch auf den Fragenkomplex der wertbeständigen Anleihen unter besonderer Berücksichtigung des kommunalen Haushalts eingegangen. Für die neueste Entwicklung ist von besonderer Bedeutung der Vortrag von Ministerialdirektor Dr. Mulert: „Die kommende Anleihewirtschaft der Gemeinden," gehalten auf der Tagung des Vereins für Kommunalwirtschaft und Kommunalpolitik am 13. Dezember 1923 in Hamburg, veröffentlicht in der Zeitschrift für Kommunalwirtschaft, Jahrg. 1924, Nr. 3. Eine wertvolle statistische Arbeit über die wertbeständigen Anleihen bringt die Zeitschrift Wirtschaft und Statistik, Jahrg. 1924, Heft 3.

[1] Max v. Heckel, Art. Anleihen, Hdw. d. Staatsw., IV. Aufl., I. Bd., S. 320.

Kreditbeschaffung für längere Fristen, d. h. mindestens über die Dauer einer Budgetperiode hinaus. Nach ihrer technischen Einrichtung sind die Anleihen daran kenntlich, daß sie in eine Anzahl von Anteilen zerlegt sind, welche Schuldverschreibungen oder Obligationen heißen. Die „wertbeständigen" Anleihen sind eine besondere Art von Anleihen, welche durch die Wertbeständigkeit ausgezeichnet sind. Was man hierbei unter Wertbeständigkeit zu verstehen hat, das ergibt sich aus dem Inhalt, welcher dem Wort im allgemeinen Gebrauch beigelegt wird. In der langanhaltenden Periode absinkenden Geldwertes, welche wir in Deutschland seit dem Jahre 1918 erlebten, gewöhnte man sich, solche Kapitalanlagen als wertbeständig zu bezeichnen, welche beim Sinken des Wertes des heimischen Geldes gewöhnlich nicht an Tauschwert einbüßten — im allgemeinen Sachwerte, Devisen, Aktien —, und stellte diese Kapitalanlagen den anderen gegenüber, deren Tauschwert diese Beständigkeit nicht aufwies, vor allem das heimische Geld und Forderungen, welche auf dieses Geld lauteten. Beachten wir nur, daß zumeist Sachwerte und Aktien als wertbeständig bezeichnet wurden, dann erkennen wir, daß der Ausdruck „wertbeständig" ziemlich weit gefaßt werden muß. Zwar spielt bei allem Streben nach wertbeständigen Anlagen der Gedanke mit, solche Vermögenswerte zu gewinnen, welche bei allen Veränderungen des Geldwertes ihre Kaufkraft unverändert bewahren, und sicherlich wird an alle wertbeständigen Anlagen der Maßstab angelegt, wie weit dieses Ideal der Wertbeständigkeit verwirklicht wird. Aber der Ausdruck „wertbeständig" umfaßt offensichtlich auch solche Anlagen, bei denen das Ideal der Wertbeständigkeit nur unvollkommen verwirklicht wird. Wir können danach sagen, daß die wertbeständige Anleihe negativ dadurch gekennzeichnet ist, daß sie nicht eine Schuld bzw. Forderung auf eine festbestimmte Summe des in Geltung befindlichen und als wertunbeständig angesehenen Geldes darstellt. Sie ist positiv dadurch gekennzeichnet, daß sie einen Faktor enthält, welcher dahin wirkt, daß der durch die Schuldurkunde dargestellte Vermögenswert bzw. die durch die Schuldurkunde versprochenen Leistungen ihre Kaufkraft annähernd bewahren auch bei Veränderungen des Wertes des heimischen Geldes.

Nachdem wir bisher umschrieben haben, was unter wertbeständigen Anleihen zu verstehen ist, können wir nunmehr die wertbeständigen Anleihen im einzelnen unterscheiden nach der Stellung zu dem in Geltung befindlichen heimischen Gelde:

1. Der Schuldner kann nicht in dem der Wertveränderung ausgesetzten Gelde leisten, sondern er hat in einer anderen Form zu leisten, z. B. in einer ausländischen, als beständig angesehenen Währung, in Metall oder anderen Sachgütern, in Leistungen (z. B. elektrischer Energie).
2. Der Schuldner kann in dem der Wertveränderung ausgesetzten Gelde leisten, aber die Höhe der zu leistenden Geldsumme richtet sich nach dem Preis, der in dem betreffenden Gelde für eine bestimmte Menge irgendwelcher bestimmten Güter am bestimmten Ort und zur bestimmten Zeit gezahlt wird, z. B. nach dem amtlichen Berliner Durchschnittskurs der Devise Newyork an bestimmtem Tage, usw.

Unter anderem Gesichtspunkt sind die Anleihen zu gliedern in Hinsicht auf das Gut, in dem die Leistung zu bewirken ist bzw. dessen Preis die Höhe der zu leistenden Geldsumme bestimmt, z. B. Gold-, Roggen-, Kohlenanleihen usw. Es wäre hierbei zu klarer Unterscheidung zweifellos zweckmäßig gewesen, diese Namen nur solchen Anleihen zu geben, bei welchen die Leistungen tatsächlich in dem betreffenden Gut zu bewirken sind, während diejenigen Anleihen, bei denen sich die Leistungen nach dem Wert des betreffenden Gutes richten, als Goldwert-, Roggenwert-, Kohlenwertanleihen zu bezeichnen wären. Diese Bezeichnung hat sich jedoch praktisch nicht genügend durchgesetzt, und so soll auch hier davon abgesehen werden, da sonst die meisten wertbeständigen Anleihen nicht unter dem Namen genannt werden könnten, unter dem sie bekannt sind.

Es erscheint noch zweckmäßig, das Verhältnis von wertbeständigen und Auslandsanleihen zueinander kurz klarzulegen. Jede Auslandsanleihe, welche nicht auf die als unbeständig angesehene Währung des Schuldnerlandes, sondern auf eine als beständiger angesehene Währung lautet, ist gemäß obiger Erklärung eine wertbeständige Anleihe. Wir finden demnach die wertbeständige Anleihe bereits vielfach verwirklicht in einem von der Finanzwissenschaft eingehend behandelten Objekt. Trotzdem ist für die Behandlung der vorliegenden Frage aus der Behandlung der Auslandsanleihen nichts zu gewinnen, da die Untersuchung der Auslandsanleihen gemeinhin nur an den Tatbestand anknüpft, daß dadurch ein Transport von Kapitalien über die Staatsgrenzen verursacht wird, also einen Tatbestand, der mit den wertbeständigen Anleihen nicht notwendig verbunden ist.

II. Die wertbeständige Anleihe und der öffentliche Haushalt schwankender Währung.

Bei der Behandlung des öffentlichen Schuldenwesens wird in der neueren finanzwissenschaftlichen Literatur ausgegangen von den Ausgaben, zu deren Bedeckung die Schulden dienen sollen; die Grundsätze für das öffentliche Schuldenwesen, welche danach aufgestellt werden, bestimmen nicht, in welchen Fällen Schulden aufgenommen werden oder werden sollen, sondern sie umschreiben nur die Grenzen, innerhalb deren Schulden gemeinhin aufgenommen werden können, ohne eine Zerrüttung des öffentlichen Haushalts herbeizuführen. Schulden können aufgenommen werden zur Bedeckung von Ausgaben des außerordentlichen Bedarfs, wohingegen die Schuldenwirtschaft zur Deckung von Ausgaben des ordentlichen Bedarfs notwendig zu irgendeinem Zeitpunkt zu einer übermäßigen Schuldenlast und damit zur Zerrüttung des öffentlichen Haushalts führen muß. Die Fälle, in denen Schulden gemeinhin aufgenommen werden können, sind demnach, der Terminologie Adolf Wagners folgend [1], die privatwirtschaftliche und staatswirtschaftliche Kapitalanlage und die eigentliche außerordentliche Ausgabe, d. h. die durch einen besonderen Notstand verursachte besondere Ausgabe, mit deren baldiger Wiederkehr nicht gerechnet wird. Hierbei ist eine aus der Zeit sinkenden Geldwertes bekannte Ausnahmeerscheinung zu erwähnen, daß bei fortlaufender Entwertung des Geldes längere Zeit die Bedeckung ordentlicher Ausgaben durch Schulden erfolgen kann, ohne eine übermäßige Schuldenlast herbeizuführen, sofern die aufgenommenen Schulden sich mit dem Sinken des Geldwertes mitentwerten. Es ist jedoch ersichtlich, daß diese Ausnahme bei wertbeständigen Schulden nicht gegeben ist.

Fragen wir uns nun, ob die aufgeführten Grenzen auch maßgebend sind für die Aufnahme wertbeständiger Anleihen. Sie würden ohne weiteres maßgebend sein, wenn derselbe Variationsfaktor, welcher die Höhe der aus der wertbeständigen Anleihe resultierenden Verpflichtungen beherrscht, auch für die Bewegungen im Einnahme- und übrigen Ausgabewesen der betreffenden öffentlichen Körperschaft maßgebend wäre. Denn dann würden bei Geldwertänderungen oder bei sonstigen Änderungen des Preisstandes des Faktors sich zwar andere absolute Zahlen auf der Einnahme- und Ausgabeseite zeigen, das Verhältnis der Größen

---

[1] Finanzwirtschaft, I. Bd., 3. Aufl., Leipzig 1883, S. 146, 47.

auf beiden Seiten bliebe jedoch unverändert. Wenn dies nicht der Fall ist, sondern die Änderungen im Einnahme- und übrigen Ausgabewesen in anderem Verhältnis erfolgen, dann bildet die wertbeständige Anleihe mit den aus ihr entspringenden Verpflichtungen einen Fremdkörper im öffentlichen Haushalt. Nun gibt es ja allerdings auch andere Ausgaben, deren Höhe sich bei Geldwertveränderungen in anderer Weise verändert als die Höhe der Einnahmen. Aber hierbei kommt doch den Anleiheverpflichtungen noch eine ganz besondere Beachtung zu: eine öffentliche Körperschaft kann beispielsweise Bauten stillegen, Beamte längere Zeit schlecht besolden, Unterstützungen kürzen, um die Veränderungen auf der Ausgabenseite mit den Veränderungen auf der Einnahmeseite ins Gleichgewicht zu bringen. Sie kann aber nicht in gleicher Weise ihre Anleiheverpflichtungen behandeln, selbst wenn sie formell das Recht dazu besitzt, da daraus Schädigungen des Kredits der öffentlichen Körperschaft entspringen, welche von der weittragendsten Bedeutung sind; denn der Kredit der öffentlichen Körperschaften beruht größtenteils auf der ununterbrochenen regelmäßigen Erfüllung der Schuldverbindlichkeiten.

Ob die aus den Anleiheverpflichtungen sich ergebende Ausgabenhöhe in gleicher Weise variiert wie die übrigen Ausgaben sowie die Einnahmen, das läßt sich für eine Reihe wesentlicher Fälle beantworten. Zunächst kann man bezüglich aller wertbeständigen Anleihen, welche nicht auf Gold, sondern auf ein Sachgut wie Roggen, Kohle oder dergleichen lauten, sagen, daß die Veränderungen des Anleihefaktors gemeinhin nicht die Höhe der übrigen Haushaltsposten beherrschen, auch wenn keine Änderung des Geldwertes eintritt, denn diese Güter weisen besondere Preisbewegungen auf, welchen sich nach den gemeinhin bestehenden Steuergesetzen die Steuereinnahmen — von den übrigen Einnahme- und Ausgabeposten mag abgesehen werden — nicht anzupassen pflegen. Nur bei den Goldanleihen ist, solange eine Geldwertänderung nicht stattfindet, diese Besonderheit nicht gegeben; sie weisen in diesem Falle ja auch keine anderen Veränderungen auf als die auf Währungsgeld lautenden Anleihen. Für den Fall, daß Geldwertänderungen eintreten, läßt sich sagen, daß nach den bisher üblichen Steuersystemen die Einnahmen nicht in gleicher Weise variieren wie die durch die wertbeständigen Anleihen, in diesem Falle einschließlich der Goldanleihen, bedingten Ausgaben. Denn die Höhe der einzelnen Steuerschuld bemißt sich gemeinhin nach Tatbeständen, welche von den

Geldverhältnissen einer mehr oder weniger lang zurückliegenden Zeit beeinflußt werden; die Steuereinnahmen steigen daher bei sinkendem Geldwert weniger als die mit der wertbeständigen Anleihe verbundenen Ausgaben. Wir betonen hierbei die Voraussetzung „nach den bisher üblichen Steuersystemen", denn wir werden an späterer Stelle den Sonderfall eines Finanzsystems zu prüfen haben, wo die Tatsachen, welche sonst ein Zurückbleiben der Einnahmen bei sinkendem Geldwert verursachen, nicht gegeben sein sollen.

Wir haben also zwei Hauptfälle festgestellt, wo die aus der wertbeständigen Anleihe sich ergebenden Verpflichtungen in anderer Weise variieren als die übrigen Haushaltsposten, nämlich bei unverändertem Geldwert diejenigen wertbeständigen Anleihen, welche auf ein Sachgut, nicht aber auf Gold lauten; ferner bei verändertem Geldwert alle wertbeständigen Anleihen. In diesen Fällen ist also die Möglichkeit gegeben, daß infolge der wertbeständigen Anleihe eine zeitweilige oder fortdauernde erhöhte Belastung eintritt, welche die Erfüllung der Schuldverbindlichkeiten in Frage stellen kann.

Zur richtigen Charakterisierung der Wirkungen der wertbeständigen Anleihe müssen wir nun noch einen besonderen Tatbestand feststellen: Wie verhält es sich denn im Gegensatz zu den wertbeständigen Anleihen mit den auf das betreffende Währungsgeld lautenden Anleihen im Falle der Geldwertveränderung? Zunächst einmal, wenn der Geldwert steigt. Dann bleiben die Verpflichtungen, welche aus der Währungsgeldanleihe sich ergeben, nominell unverändert, während die Steuereinnahmen, entsprechend dem mit der Geldwertsteigerung verbundenen nominellen Rückgang aller Preise, Vermögen und Einkommen allmählich sinken werden. Auch hier also ein anderer Variationsfaktor, und die auf Währungsgeld lautenden, in Zeiten fortgeschrittener Geldentwertung aufgenommenen Schulden bilden danach eine Gefahr für den Haushalt, wenn ein starkes Steigen des Geldwertes tatsächlich zu befürchten ist. Aber wir können trotzdem die Gefahren einer Währungsgeldanleihe bei steigendem Geldwert nicht den Gefahren einer wertbeständigen Anleihe bei sinkendem Geldwert gleichstellen. Denn es liegt gemeinhin in der Macht des Staates, eine übermäßige Steigerung des Geldwertes zu verhindern, nämlich durch Devalvation, nicht jedoch ein übermäßiges Sinken des Geldwertes. Und wie verhält es sich mit den Währungsgeldanleihen im Falle sinkenden Geldwertes? Dann steigen die aus der Anleihe resultierenden Verpflichtungen gemeinhin nicht mit, während die anderen Haushaltsposten allmählich steigende Ziffern aufweisen. Dann wird die betreffende öffentliche Körperschaft entlastet, und es entsteht dadurch jener Sonderfall, welchen wir oben erwähnten, nämlich daß an Stelle der zusammenschrumpfenden Schuldenlast neue Schulden längere Zeit fortlaufend aufgenommen werden können.

In der allgemeinen Struktur des Haushalts können wir bei den üblichen Steuersystemen keine ausreichende Deckung für wertbeständige Anleihen finden mit Ausnahme des Tatbestandes der Goldanleihe bei unverändertem Geldwert. Wir müssen uns daher fragen, ob und welche besonderen Umstände geeignet sind, eine ausreichende Deckung zu geben. Eine einfache Überlegung sagt uns, daß eine geeignete Deckung dann vorhanden ist, wenn eine besondere Einnahmequelle, deren Einnahmen in gleichem Sinne variieren wie die durch die wertbeständige Anleihe veranlaßten Ausgaben, zur Bedeckung dieser Ausgaben verfügbar ist. Was heißt das, eine solche Einnahmequelle muß verfügbar sein? Es muß der Wille und auch die Möglichkeit vorhanden sein, eine solche Einnahmequelle aus der Gesamtheit der Einnahmen auszusondern und den aus der Anleihe entspringenden Schuldverpflichtungen gegenüberzustellen und im übrigen Ausgaben und Einnahmen miteinander ins Gleichgewicht zu bringen. Ob diese Möglichkeit gegeben ist, das können wir nur nach Untersuchung der konkreten Einzelfälle sagen. Erinnern wir uns der oben angeführten Tatsache, daß bei Geldwertverschlechterungen die Steuereinnahmen gemeinhin nicht in gleichem Maße steigen, dem wir hier den Erfahrungssatz hinzufügen können, daß bei Geldwertverschlechterungen die Ausgaben gewöhnlich stärker steigen als die Steuereinnahmen, dann wird man stets sehr sorgfältig fragen, ob die Verfügbarkeit einer wertbeständigen Einnahmequelle im Falle der Geldentwertung auch tatsächlich gegeben ist[1]. Andererseits haben wir uns zu fragen, ob eine Einnahme auch tatsächlich in gleicher Weise variiert. Dies ist gegeben, wenn gleichgeartete und auch tatsächlich realisierbare Forderungen bestehen; jedoch wird in den meisten Fällen dies nicht einfach gegeben sein, und es bedarf sodann der besonderen Untersuchung, ob irgendeine besondere Einnahmequelle die entsprechenden Einnahmen auch tatsächlich mit ausreichender Sicherheit erwarten läßt.

Die Erfüllung der genannten Voraussetzungen bewirkt, daß die mit

---

[1] Muß a. a. O. S. 391 berücksichtigt die Frage der Verfügbarkeit nicht.

der wertbeständigen Anleihe verbundenen Ausgaben keine Störung des Haushalts hervorrufen. Auf zwei verschiedene Besonderheiten muß jedoch noch hingewiesen werden. Ist die Leistung des Schuldners nicht in Geld der Landeswährung zu bewirken, dann ist stets zu fragen, ob der Schuldner sich das Gut, in welchem er zu leisten hat, auch stets zur Erfüllung der Anleiheverpflichtungen verschaffen kann. Wenn das betreffende Gut nicht so geartet ist, daß der Schuldner es jederzeit erwerben kann, dann ist die Leistung des Schuldners nur dann ausreichend gesichert, wenn der Schuldner selbst in ausreichendem Maße darüber verfügt, d. h. im wesentlichen, wenn der Schuldner selbst das Gut fortdauernd produziert. Ferner ist noch folgendes zu beachten: Ist der Kredit nicht allein fundiert auf dem Vertrauen in die zukünftige Entwicklung des Haushalts, sondern ist die Kreditwürdigkeit mit abhängig von dem Verhältnis zwischen Vermögen und Schulden der öffentlichen Körperschaft, dann muß zu der Frage nach der entsprechenden Einnahmequelle die Frage treten, ob in ausreichendem Maße Vermögenswerte vorhanden sind, deren Wertveränderung in Verbindung steht mit der Veränderung in dem Wert der betreffenden wertbeständigen Schulden. Anderenfalls können starke Wertverschiebungen bei dem Faktor der Anleihe dazu führen, daß die Grundlagen der Kreditwürdigkeit erheblich verschoben werden und somit eine Zerrüttung des Kredits herbeigeführt wird. Wir können hierbei noch besonders auf die bekannte Tatsache hinweisen, daß Vermögenswerte bei der Geldentwertung längere Zeit weit hinter ihrem früheren Goldwert zurückbleiben können, ein Moment, das zu besonders sorgfältiger Prüfung der Vermögensgrundlage Anlaß gibt.

Für einen besonderen Fall läßt sich bereits hier die Zulässigkeit wertbeständiger Anleihen aussprechen, nämlich: Werden mit dem Erlös der wertbeständigen Anleihe Anlagen geschaffen, welche entsprechende wertbeständige Einnahmen mit Sicherheit erwarten lassen, und welche ohne diese Anleihe nicht hätten geschaffen werden können, dann wird gegen die wertbeständige Anleihe nach den bisherigen Ausführungen nichts einzuwenden sein; denn einer besonderen Berücksichtigung der übrigen Haushaltsverhältnisse bedarf es in diesem Falle nicht, weil ja die betreffende Einnahmequelle überhaupt nur im Zusammenhang mit dieser wertbeständigen Anleihe existiert.

Wir hatten uns so weit bemüht, die Grenzen aufzuzeigen, innerhalb deren eine Aufnahme wertbeständiger Anleihen zulässig erscheint.

Wie weit innerhalb dieser Grenzen die Anleihewirtschaft geführt wird oder zu führen ist, dafür lassen sich bindende Regeln nicht aufstellen, sondern das ist, wie auch im übrigen Anleihewesen, eine je nach Lage des einzelnen Falles verschieden zu beantwortende Frage, wobei im wesentlichen die durch Verwendung des Anleihekapitals erzielten Förderungen gegen die Kosten der Anleihe abzuwägen sind. Das Moment der Kosten erhält nun durch das Spezifikum der wertbeständigen Anleihe eine besondere Variation; die Kosten sind nicht nur wie sonstige Anleihen abhängig von Emissionskurs, Zinsen, Provisionen usw., sondern es ist noch zu berücksichtigen, welche Veränderungen der Preis des Faktors, welcher die Anleihe beherrscht, im Verhältnis zum Preisstand der übrigen Güter voraussichtlich erfährt. Das Kostenelement gewinnt noch eine besondere Bedeutung, wenn die Möglichkeit besteht, den Anleihezweck außer durch eine wertbeständige Anleihe auch durch eine Anleihe in der als unbeständig angesehenen Währung zu erreichen; dann werden die Anleihekosten nicht nur gegenüber dem Anleihezweck abgewogen werden müssen, sondern es muß auch ein Vergleich stattfinden mit den bei einer Anleihe in der schwankenden Währung zu erwartenden Lasten.

C. Verwirklichung der Anleihen.
I. Betrachtung unter den allgemeinen Gesichtspunkten für Anleihen.

Wir gehen nunmehr dazu über, die tatsächliche Verwirklichung der Anleihen zu betrachten. Eine große Zahl wertbeständiger Anleihen ist im Jahre 1923 verwirklicht worden, gegen Ende des Jahres wurden rund 40 wertbeständige Anleihen an der Berliner Börse notiert, daneben besteht eine außerordentlich große Zahl von Anleihen lokalen Charakters, welche nicht an der Berliner Börse eingeführt wurden. Am bekanntesten sind wohl die Dollarschatzanweisungen und die Goldanleihe des Deutschen Reichs geworden, welche ihrem Umfang nach (200 bzw. 500 Millionen Goldmark) die übrigen wertbeständigen Anleihen weitaus überragen; keineswegs ist jedoch das Reich Schrittmacher der wertbeständigen Anleihen gewesen, sondern das Reich hat dort geerntet, wo Länder und Gemeinden durch verantwortungsbewußte Arbeit den Boden bereitet haben. Reich, Länder, Gemeinden und Gemeindeverbände haben durch Ausgabe wertbeständiger Anleihen unmittelbar große Kredite hereingenommen, daneben haben insbesondere Gemeinden und Ge=

meindeverbände große wertbeständige Kredite mittelbar dadurch erhalten, daß Landeskreditanstalten, Girozentralen, Hypothekenbanken und Spezialbanken wertbeständige Anleihen auf den Markt brachten und aus den Eingängen den öffentlichen Körperschaften Kredite in entsprechender Form gewährten. Auch die Unternehmungen in Formen des privaten Rechts, welche Aufgaben öffentlichen Interesses wahrnehmen, haben sich lebhaft an der Ausgabe wertbeständiger Anleihen beteiligt; von solchen Gesellschaften wurde zuerst die Form der Kohlenanleihe (Badenwerk, Großkraftwerk Mannheim) eingeführt und die Form der Goldanleihe vorbildlich ausgebildet (Rhein-Main-Donau-A.-G.). Einige größere Anleihen, abgesehen von den obengenannten des Reichs, seien nachfolgend genannt: 5% mecklenburgische Roggenanleihe (1. Ausgabe 40000 Zentner Roggen), oldenburgische Roggenanweisungen (ohne feste Begrenzung), Rhein-Main-Donau-A.-G.-Goldanleihe (2000000 Goldmark), 6% Breslauer Kohlenwertanleihe (100000 t niederschlesischer Steinkohlen f. u.), 5% Kohlenwertanleihe des Badenwerks (1. Ausgabe 125000 t westfälischer Steinkohle f. u.), 5% preußische Roggenwertanleihe (1. Ausgabe 200000 Zentner Roggen), 5% preußische Kalianleihe (1. Ausgabe 50000 t), Goldanleihe der preußischen Kraftwerke Oberweser (16,8 Millionen Goldmark aufgelegt). Daneben kamen auch sehr kleine wertbeständige Anleihen heraus, z. B. als eine der ersten die Bernburger Roggenwertanleihe (1. Ausgabe 2800 Zentner Roggen). Es ist schwer, über die Gesamtsumme der wertbeständigen Anleihen jetzt schon ein Urteil zu gewinnen. Das Urteil kann nur auf Schätzungen beruhen, da für eine größere Zahl von Anleihen nur der genehmigte oder aufgelegte Betrag, nicht aber das tatsächliche Ergebnis bekannt ist und für einige überhaupt kein Betrag zu ermitteln ist. Es ist ferner sehr schwer, einen Überblick darüber zu gewinnen, welcher Teil hiervon den öffentlichen Körperschaften zugeflossen ist, da Landesbanken und ähnliche Kreditinstitute vorläufig noch nicht im einzelnen ausweisen, welche Beträge dem Realkredit und welche dem öffentlichen Kredit nutzbar gemacht sind. Die wertvollste und eingehendste Arbeit hierüber ist die des Statistischen Reichsamts[1]. Diese Arbeit berücksichtigt 205 bis Ende 1923 ausgegebene Anleihen; 20 weitere Anleihen konnten nicht berücksichtigt werden, da ihr Betrag nicht angegeben wurde, hierunter allein 9 Roggenanleihen. Die Schätzung des

---

[1] Wirtschaft und Statistik, Jahrg. 1924, Heft 3, S. 90ff.

Gesamtbetrages von wertbeständigen Anleihen, welche von Staaten, Städten und Provinzen, sonstigen Körperschaften und Privatgesellschaften ausgegeben worden sind, geht auf 2 Milliarden Goldmark. Vergleichen wir diese Ziffer mit dem Anleiheergebnis der vorhergehenden Jahre (s. Einleitung), so kommt man zu einer außerordentlich hohen Bewertung dieser Ziffer. Von dieser Gesamtsumme entfällt bei dieser Berechnung der bei weitem größte Teil, nämlich etwa neun Zehntel, auf solche Anleihen, welche man als valutawertige Anleihen (Gold- und Devisenwertanleihe) bezeichnen kann, und nur ein Zehntel auf verschiedene Sachwertanleihen, unter diesen an erster Stelle Roggenwertanleihen; jedoch würde sich das Verhältnis zugunsten der Sachwertanleihen bessern, wenn man die Anleihen ohne Betragsangabe berücksichtigen könnte. Zweifellos ist auf jeden Fall das Vorherrschen der Goldanleihen, wozu die beiden großen Reichsanleihen wesentlich beitragen.

Betrachten wir die Anleihen ferner hinsichtlich des Zwecks, welchem sie dienen sollen. Wir finden hier das Besondere, daß keineswegs alle Anleihen zur Bedeckung außerordentlicher Ausgaben dienen sollen, sondern daß ein Teil tatsächlich zur Bedeckung ordentlicher Ausgaben ausgegeben wurde. Beispiele sind die Goldanleihe des Deutschen Reichs — ähnliches gilt auch bezüglich der Goldanleihen Österreichs und Polens — sowie die Roggenanleihen der evangelischen Landeskirchen Anhalts und Thüringens. Nun könnte man ja allerdings im Zweifel sein, ob diese Anleihen vielleicht doch in einer einmaligen Notlage begründet waren, welche spezifisch den Stempel der Einmaligkeit trug, so daß eine Wiederholung notwendig ausgeschlossen war. Hierfür ließe sich anführen, daß das Deutsche Reich wie auch die anderen Reiche vermittels der Anleihe den Ausgleich des Haushalts herbeiführen wollten und die Inflation abdämmen wollten, welche in ihren Folgewirkungen ständig das Einnahmewesen des Haushaltes zerrüttete. Ob damals die Vorbedingungen zur Verwirklichung dieses Zieles gegeben waren, diese Frage soll im Rahmen dieser Arbeit nicht beantwortet werden; zweifellos sind die Meinungen darüber geteilt, und je nach der Beantwortung dieser Frage wird man sodann zu einer verschiedenen Beurteilung hinsichtlich der Zulässigkeit dieser Anleihen kommen. Bei den Anleihen der beiden Landeskirchen Anhalt und Thüringen kann aber das Argument der Einmaligkeit kaum ins Feld geführt werden, denn es handelt sich hauptsächlich um ein Zurückbleiben der Einnahmen aus Gründen der Geldentwertung, deren Beendigung derzeit noch keineswegs abgesehen werden konnte. Auch dem Zweck der Dollarschatzanweisungsanleihe des Deutschen Reichs wird man den spezifischen Charakter der Einmaligkeit nur dann zuerkennen können, wenn man ihn betrachtet im Zusammenhang mit dem derzeitigen Ruhrkampf; denn wenn man nur sein Augenmerk darauf richtet, daß mit dem Erlös der Anleihe eine Devisenstützung verfolgt werden sollte, dann muß man sagen, daß dies notwendig eine zeitlich begrenzte Maßnahme bleiben und diese Devisenstützung notwendig mit dem Konsum der eingegangenen Devisen verbunden sein mußte, da der Reichshaushalt gleichzeitig ein erschreckendes Defizit aufwies und auch keine nachhaltigen Maßnahmen zum Ausgleich dieses Defizits erkennbar waren, so daß mit einer nachhaltigen Wirkung der Maßnahme nicht zu rechnen war.

Wir legen uns nunmehr die Frage vor, ob bei den Anleihen einfache Sicherheit, nämlich allgemeine Sicherheit durch Einnahmen und Vermögen der die Anleihe aufnehmenden Körperschaft oder Gesellschaft gegeben ist, oder besondere Sicherheit. Abweichend von den in Deutschland bisher üblichen Formen, finden wir auch bei den Anleihen öffentlicher Körperschaften wiederholt besondere Sicherungen, insbesondere durch Eintragung einer dinglichen Sicherung zugunsten eines Treuhänders der Anleihe; z. B. Bernburg läßt für seine Roggenanleihe eine Sicherungshypothek auf das Stadtgut Dröbel eintragen[1], Heidelberg für seine Holzanleihe eine Reallast auf einen Teil des landwirtschaftlichen Grundbesitzes und auf neuhergestellte wertbeständig vermietete Häuser, Danzig eine Reallast auf das städtische Kraftwerk. Die Banken als Vermittler langfristigen wertbeständigen Kredits verlangen von Gemeinden und Gemeindeverbänden ebenfalls vielfach dingliche Sicherheiten, z. B. stets die Roggenrentenbank und die Landeskreditanstalt Hannover; hingegen hat die staatliche Kreditanstalt Oldenburg bei kommunalem Kredit in geeigneten Fällen sowie bei Krediten an den oldenburgischen Staat davon abgesehen. In den Fällen, wo eine Aktiengesellschaft allein Anleiheschuldner ist, ist die Eintragung einer Reallast die Regel; dazu tritt dann noch bei den hier untersuchten Gesellschaften die Bürgschaft durch eine oder mehrere öffentliche Körperschaften, z. B. Bürgschaft des Deutschen Reichs und Bayerns bei der Goldanleihe der Rhein-Main-Donau-A.-G., Bürgschaft Badens beim

---

[1] Allerdings auf einen bestimmten Papiermarkbetrag und deshalb wertlos.

Badenwerk. Eine Bürgschaft öffentlicher Körperschaften ist auch die Regel, wenn ein öffentlich-rechtlicher Verband Anleiheschuldner ist. Eine ganz besondere Form der Sicherung ist gegeben bei der Dollarschatzanleihe des Deutschen Reichs, wo ein Privatinstitut, nämlich die Reichsbank, die Bürgschaft übernommen hat; eine noch seltsamere Form ist bei der polnischen Goldanleihe gegeben, nämlich Sicherung durch den Goldschatz der Landesdarlehnskasse, wodurch, wie Steiner[1] bemerkt, die Regelung der Währungsfrage praktisch von der vorherigen Erledigung dieser Anleihe abhängig wird. Die besonderen Formen der Sicherung sind erklärlich, da es sich tatsächlich um eine neue und ungewohnte Form des Kredits handelte, die erst durch vermehrte Sicherheiten eingeführt werden mußte. Immerhin läßt es einen Schluß zu bezüglich der eigenen Meinung über seinen Kredit, wenn das Reich es bei der Dollarschatzanweisungsanleihe für nötig hielt, die Bürgschaft der Reichsbank zu gewinnen, während andere Körperschaften bereits wertbeständige Anleihen ohne besondere Sicherungen aufnehmen konnten.

Durchgängig sind die wertbeständigen Anleihen Inlandsanleihen, sie sind zumeist ausschließlich im Inland aufgelegt; nur bei wenigen Anleihen, z. B. den Anleihen der Hansastädte, sind überhaupt Zeichnungsstellen im Ausland eingerichtet, die Zeichnung erfolgte jedoch auch bei diesen Anleihen überwiegend im Inland[2]. Fast alle Anleihepapiere sind auf Inhaber, nicht auf Namen gestellt; wo doch die Namensschuldverschreibung als Form gewählt ist, liegt die Vermutung nahe, daß dieser Form der Vorzug gegeben wurde, um etwaigen Verzögerungen zu entgehen, welche bei der Ausgabe von Inhaberpapieren dadurch entstanden wären, daß zunächst die Genehmigung des zuständigen Ministeriums eingeholt werden muß. Die besondere Vorliebe für die Inhaberanleihe erklärt sich ohne weiteres aus den allgemeinen wirtschaftlichen Zuständen in Deutschland, wo die Verhältnisse so unübersichtlich waren, daß jeder daran denken mußte, etwaige Kapitalanlagen in Wertpapieren später eventuell wieder zu veräußern; und das Inhaberpapier hat zumeist, weil formloser übertragbar, einen besseren Markt als die Namensschuldverschreibung.

Die überwiegende Mehrzahl der Anleihen ist fortlaufend halbjährlich

---

[1] a. a. O. S. 55.
[2] Nach persönlichen Mitteilungen. Näheres siehe IV. Unterbringung und Kursgestaltung der wertbeständigen Anleihen.

Die wertbeständigen Anleihen in finanzwirtschaftlicher Betrachtung. 19

oder jährlich verzinslich. Die Form der Schatzanweisung ist nur in wenigen Fällen gewählt, z. B. vom Reich bei den Dollarschatzanweisungen, von der Landeskreditanstalt Oldenburg bei den Roggenanweisungen und von der Landesbank Schleswig-Holstein bei ihrer 6% Goldmarkanleihe. Eine Besonderheit bildet dabei noch die Goldanleihe des Reichs, von der die größeren Stücke (42—4200 Goldmark) mit Jahreszinsscheinen versehen sind, während die kleineren Stücke ohne Zinsscheine ausgegeben wurden. Ein Unterschied besteht zwischen der Form der Reichsanleihen und der oldenburgischen Roggenanweisungen insofern, als die Reichsanleihen etwa zum Nennwert ausgegeben wurden und zu höherem Kurs eingelöst werden, während die Oldenburger zum Nennwert eingelöst werden und zu einem niedrigeren Kurs ausgegeben wurden. Was die Höhe der Verzinsung anbetrifft, mit der auch der Emissionskurs zusammen zu betrachten ist, so war diese sehr niedrig im Verhältnis zu den gleichzeitig bei Papiermarkanleihen üblichen Sätzen, aber auch durchgängig niedrig im Verhältnis zu den Zinssätzen des Auslandes. Zunächst begannen die wertbeständigen Anleihen mit dem 5%igen Typus bei Roggen- (Oldenburg, Mecklenburg) und Goldanleihen (Rhein-Main-Donau-A.-G., Neckar-A.-G.), bei den Kohlenanleihen wechselte von Anfang an die 5%ige Verzinsung (Badenwerk) mit der 6%igen (Großkraftwerk Mannheim, Breslau) ab. Bei den Roggenanleihen blieb der 5%ige Typus auch weiterhin vorherrschend, wenn auch eine Reihe von Ausnahmen vorkam (7%ige Bernburg und evangelische Landeskirche Anhalt, 6%ige evangelische Landeskirche Thüringen, Insterburg, Göttingen). Auffallend ist die niedrige (4%) Verzinsung bei den Roggenschuldverschreibungen der Hannoverschen Landeskreditanstalt und der Walchensee-Goldanleihe, dieser niedrige Zinssatz hat aber offensichtlich keine Nachahmer gefunden. Bei den Goldanleihen setzte sich nach dem Vorgehen des Deutschen Reichs die 6%ige Verzinsung ziemlich allgemein durch, auch Emittenten mit besonders gutem Kredit, z. B. Hamburg und Lübeck, nahmen diese Sätze an; allerdings kamen in den letzten Monaten des Jahres 1923 noch wieder neue 5%ige Goldanleihen (z. B. Bremen, deutsche Girozentrale Berlin, Kommunalschuldverschreibungen verschiedener Hypothekenbanken) heraus. Ähnlich wie bei den Roggenanleihen war es auch bei den Weizenanleihen, vorwiegend finden wir 5%ig verzinsliche Anleihen (z. B. Hannover, Landesbank Schleswig-Holstein), daneben kommen aber auch einzelne 6%ige Anleihen heraus (z. B.

2*

Aschersleben). Holzanleihen waren durchgängig mit 6% verzinslich; eine Ausnahme bildet die 5%ige Holzanleihe der Stadt Memmingen. Die preußische Kalianleihe und die Elektrische-Arbeit-Anleihe des Elektrizitätswerkes für den Plauenschen Grund in Freital[1] sind beide 5%ig, jedoch 6%ig die Kilowattstundenanleihe der Stadt Kaufbeuren. Irgendeine klare Entwicklung, welche ein allmähliches Übergehen von niedrigerem zu einem höheren Zinsfuß erkennen ließe, ist im Laufe des Jahres 1923 noch kaum erkenntlich; erst zu Beginn des Jahres 1924 ist an einzelnen Stellen das Streben zu beobachten, höher verzinsliche Papiere herauszubringen, z. B. 7% Goldpfandbriefe der Hamburgischen Hypothekenbank. — Bezüglich des Emissionskurses ist an dieser Stelle nur so viel zu sagen, daß er bis zum November des Jahres 1923 zumeist nominell 100% betrug, d. h. er sollte dem Preis des für die Anleihe maßgebenden Faktors entsprechen; einzelne Anleihen kamen allerdings auch zu anderen nominellen Kursen heraus, z. B. die Anleihe des Schleswig-Holsteinischen Elektrizitätsverbandes mit 89%, Rhein-Main-Donau 95%, Hamburg mit 98% bei Zeichnung in Mark, 94% bei Zeichnung in Devisen, ähnlich Lübeck mit 97 bzw. 94%, Landesbank Westfalen Kohlenanleihe hingegen nominell zu 107½% und Goldmarkanleihe Eschwege zu 105%. Jedoch erfahren diese nominellen Emissionskurse durch Tatsachen, welche spezifisch mit der Tatsache wertbeständiger Anleihen bei schwankendem Geldwert verbunden sind, außerordentlich starke tatsächliche Abwandlungen; hierauf soll jedoch erst an späterer Stelle eingegangen werden. Nach der im November erfolgten Stabilisierung der Mark macht sich die Erscheinung geltend, daß im allgemeinen überhaupt keine Emissionskurse mehr benannt werden, sondern die Anleihen werden fortlaufend ausgegeben zu einem Kurs, der sich an vorhandene Börsenkurse anschließt; soweit doch noch Ausgabekurse festgesetzt werden[2], liegen diese erheblich unter Pari.

Unter dem Gesichtspunkt der Tilgung sind die meisten Anleihen als Tilgungsanleihen anzusprechen. Eine Ausnahme bilden die Roggenschuldverschreibungen der Landeskreditanstalt Hannover, verschiedene Gold- und Roggenpfandbriefe und Kommunalschuldverschreibungen von Hypothekenbanken sowie die langfristigen Oldenburger Roggenschuld-

---

[1] Bezüglich der Elektrischen-Arbeit-Anleihe des kommunalen Überlandwerkes Wittgensteins s. u.

[2] Z. B. 6% Goldanleihe Berlin 90%.

verschreibungen, bei welchen eine Tilgungspflicht prospektgemäß nicht besteht; jedoch haben die ausgebenden Stellen sich das Kündigungsrecht vorbehalten, und aus der Art, in welcher sie ihrerseits Kredite auf Grund dieser Anleihen geben, geht hervor, daß zumeist nicht die Absicht besteht, eine ewige Rente zu schaffen. Im übrigen sind die Tilgungssätze verhältnismäßig hoch bemessen, z. B. mit 5 % jährlich bei der mecklenburgischen Roggenwertanleihe, ebenso bei den Anleihen der Thüringer und Anhalter evangelischen Landeskirche, mit 3½ % bei der Berliner Roggenanleihe, sogar mit 8 % bei der Goldmarkanleihe der Stadt Eschwege, und 10 % bei den von der Deutschen A.-G. für Landeskultur herausgebrachten Anleihen. Niedrige Tilgungssätze (1 %) weisen die preußischen Staatsanleihen auf, sowie die Badenwerkanleihe und Neckargoldanleihe. Zumeist ist die Tilgung für 1—4 Jahre ganz ausgeschlossen, da sich für die nahe Zukunft die Entwicklung der Verhältnisse nicht übersehen läßt, so daß eine alsbaldige Tilgung den Interessen des Gläubigers wie des Schuldners erheblich widersprechen kann. Andererseits haben sich fast alle Schuldner das Recht verstärkter Tilgung, nach Ablauf von 5 bis 10 Jahren beginnend, vorbehalten. Neben der Mehrzahl der Anleihen mit fortlaufender Tilgung gibt es eine Reihe von Anleihen mit einmaliger Tilgung, nämlich fast ausschließlich diejenigen Anleihen, bei welchen ganz oder teilweise die Form der Schatzanweisung gewählt ist. So sind die Dollarschatzanweisungen am 15. April 1926 fällig, die Reichsgoldanleihe am 2. September 1935, die oldenburgischen Roggenanweisungen am 1. April 1927, die 6 % Goldmarkanleihe der Landesbank Schleswig-Holstein je nach der Serie am 30. September 1924, 1925 oder 1926. Zumeist macht sich das Streben geltend, sich in nicht zu langer Zeit von der besonderen Form der wertbeständigen Anleihe wieder zu lösen, sei es durch Festlegung einer hohen Tilgungsrate, sei es durch das Recht der verstärkten Tilgung; es ist dies durchaus verständlich, wenn man bedenkt, daß die öffentlichen Körperschaften in Deutschland bis 1923 gewohnt waren, ihre Schulden in deutscher Währung aufzunehmen.

Ein unglückliches Kapitel bildet bei den wertbeständigen Anleihen die Frage der Stückelung, besonders bei den Roggen-, Kohlen- und Holzanleihen. Die Stückelung bis herunter zu einem oder gar einem halben Zentner Roggen (Mecklenburg), bis zu $^1/_{10}$ Raummeter Holz (Hameln) oder 2 Zentner Koks (Ferngaswerk Franken-Thüringen), dazu möglicherweise bei zweimaliger Zinszahlung im Jahr, muß die ausgebenden Stellen mit sehr großen Verwaltungskosten für die Anleihe belasten. Bei den Goldanleihen wurde die Stückelung von Anfang an im allgemeinen nicht so weit getrieben, wobei die Rhein-Main-Donau-A.-G. ein gutes Vorbild gab; oder es wurde bei kleinen Stücken die Form der Schatzanweisung ohne Zinsschein gewählt, wodurch sich die Verwaltungsarbeit beschränkt auf die einmalige Tätigkeit der Einlösung. Die weitgehende Stückelung ist verständlich aus dem Bestreben, besonders dem kleinen Sparer ein Anlageobjekt zu bieten; ferner auch aus der Tatsache, daß jedes Geld sofort angelegt werden mußte, um es vor der Geldentwertung zu schützen, und nicht etwa erst die Ersparnisse längerer Zeit zur Beschaffung eines größeren Stückes zusammengelegt werden konnten. Andererseits aber werden die kleinsten Stücke eine außerordentliche Last in der Zukunft bedeuten, was bei der Verwirrung der Geldbegriffe im Jahre 1923 noch nicht überall erkannt wurde.

Betrachten wir nun noch die Frage, in welcher Art und Weise die Emission bei den wertbeständigen Anleihen sich vollzogen hat. Da stellt sich heraus, daß die feste Übernahme der ganzen Anleihe durch ein Konsortium nicht vorkommt. Hier ist nur der eine Fall bekannt geworden, daß die Banken die Hälfte der Dollarschatzanweisungen des Reiches fest übernommen haben, ferner daß bei einer größeren Anzahl von Anleihen ein kleiner Prozentsatz von einem Konsortium übernommen wurde[1]. Es ist erklärlich, daß die Banken vor fester Übernahme zurückschreckten einerseits wegen Kapitalmangels, andererseits wegen der ständig wechselnden und unübersichtlichen Verhältnisse, welche die Vorhersage betreffs der Aufnahme der Anleihe beim Publikum unmöglich machten. Die Regel bildete der kommissionsweise Verkauf durch ein Bankenkonsortium, und zwar zum Teil bei begrenzter Zeichnungsfrist zum Teil bei fortlaufender Zeichnung. Andererseits kam auch der freihändige Verkauf nach Bedarf vor, z. B. bei den Oldenburger Roggenanweisungen und bei den Roggenschuldverschreibungen der Hannoverschen Landeskreditanstalt; etwa seit August 1923 bildet diese Form dann die Regel bei den Anleihen der Kreditinstitute[2]. Weiterhin ist auch die Form des „Verkaufs über den Ladentisch" gelegentlich verwirklicht, z. B. bei der Reichsgoldanleihe nach Abschluß der Zeichnungen.

---

[1] Nach persönlichen Mitteilungen.
[2] Siehe III. Die Banken als Vermittler langfristigen wertbeständigen Kredits.

II. Betrachtung unter den spezifischen Gesichtspunkten für wertbeständige Anleihen.

a) Die Wahl des Faktors und Art der Verbindung der Anleihe mit dem Faktor.

Gehen wir nunmehr zur Betrachtung unter den spezifischen Gesichtspunkten der wertbeständigen Anleihen über. Zunächst die Frage: Welcher Faktor wird gewählt, und wie ist die Verbindung mit dem die Wertbeständigkeit verursachenden Faktor getätigt? Wir finden nur wenige Anleihen, bei denen der Schuldner effektiv nicht in der Währung seines Landes leisten kann, sondern in einem besonderen Gut leisten muß. Als ausländische Beispiele seien die tschechische Anleihe von 1919 in Gold, Silber, Valuten und Devisen und die österreichische Goldanleihe von 1922 erwähnt. An deutschen Beispielen sei auf die hanseatischen Anleihen, wo die Leistung in ausländischer Währung zwar nicht für die ganze Anleihe festgelegt ist, wohl aber für diejenigen Stücke, welche bei den ausländischen Zahlstellen präsentiert werden, ferner auf die Kohlenwertanleihe der kommunalen Überlandzentrale Spandau hingewiesen, bei der der Gläubiger die Leistung in Form elektrischen Stroms verlangen kann. Auch bei den oldenburgischen Roggenanweisungen ist scheinbar die Leistung in einem effektiven Gut, nämlich Roggen, vorgesehen; jedoch ist die Bestimmung eingefügt, daß der Schuldner auch in Geld leisten kann und der Gläubiger Leistung in Geld verlangen kann. Der Leistung des Schuldners in einem besonderen Gut entspricht zum Teil eine ebensolche Einzahlung des Gläubigers, z. B. bei der genannten tschechischen und österreichischen Anleihe, bei den ausländischen Zeichnungsstellen der Hansastädte, nicht jedoch aus ersichtlichen Gründen bei der Kommunalüberlandzentrale Spandau. Über diese Fälle hinaus mußte die Einzahlung in besonderer Währung erfolgen ohne die Gegenleistung in gleicher Währung: bei den Dollarschatzanweisungen des Deutschen Reichs (Einzahlung in hochwertigen Devisen) und bei der Bremer Dollaranleihe auch für die Zeichnungen in Deutschland (Einzahlung in Dollars, Pfunden, holländischen Gulden, Bremer Dollaranteilscheinen und Goldmark der Hamburger Bank von 1923).

Abgesehen von den besonderen Fällen, in denen der Schuldner effektiv in besonderem Gut seine Leistung bewirken muß, kann der Schuldner im Geld der heimischen Währung seine Leistung bewirken, wobei sich dann die Höhe der geschuldeten Geldsumme nach dem Preisstand eines bestimmten Gutes, welches wir kurz den „Faktor" der Anleihe nennen, richtet. Welche Güter sind nun als Faktoren gewählt? Da finden wir zunächst den Roggen. Zumeist wird die Preisnotierung märkischen Roggens an der Berliner Börse zugrunde gelegt; jedoch finden wir daneben auch die Preisnotierungen pommerschen Roggens an der Stettiner Börse (Anleihen Köslin und Greifswald) oder die Notierung ostpreußischen Roggens an der Königsberger Börse (Anleihe Insterburg). Eine Besonderheit enthalten die oldenburgischen Roggenanweisungen; bei ihnen ist nämlich nicht ein Börsenpreis zur Grundlage gewählt, sondern der Berliner Börsenpreis für märkischen Roggen zuzüglich Fracht von Berlin nach Oldenburg. Ferner finden wir den Weizen als Faktor, und zwar wie beim Roggen teilweise nach der Berliner Notierung (z. B. Anleihe Hannover), andererseits auch nach der Hamburger Notierung (Weizenanleihe der Landesbank Schleswig-Holstein) und der Magdeburger Notierung (Anleihe Aschersleben). Sodann ist bei einer Fülle von Anleihen die Kohle als Faktor gewählt worden, unter Berücksichtigung der Syndikatspreise, und zwar mit einer Unzahl von Differenzierungen; z. B. westfälische Fettförderkohle ohne Kohlen- und Umsatzsteuer (Landesbank Westfalen), westfälische Fettflammnuß IV gesiebt und gewaschen einschließlich Steuer (Badenwerk, Großkraftwerk Mannheim), westfälische Fettstückkohle einschließlich Steuer (Deutsche Landeskultur A.-G.), Förderbraunkohle des Kasseler Reviers (Kommunaler Elektrozweckverband Mitteldeutschland in Kassel), Förderbraunkohle der Görlitzer Syndikatsgruppe einschließlich Steuer (Sachsen), niederschlesische Flammnußkohle I. Fürstensteiner Grube einschließlich Steuer (Breslau), Förderbraunkohle des mitteldeutschen Reviers (Kommunale Überlandzentrale Spandau); dann noch ein besonderer lokaler Preis beim Ferngaswerk Franken-Thüringen: „Preis der in den sechs Monaten vor Fälligkeit hauptsächlich verwendeten Gaskohle frei Gaswerk Neustadt". Eine Reihe von Städten hat bei ihren Anleihen das Holz als Faktor gewählt, und zwar in den besonderen am Ort gewonnenen Holzarten (Baden-Baden, Böhrenbach, Heidelberg, Hameln, Guben, Plauen), nach örtlichen Preisfestsetzungen, meist auf Grund der Preise von Holzauktionen. Sodann ist in ständig wachsendem Umfang das Gold als Faktor gewählt, und zwar entweder im Anschluß an die Berliner Notiz einer als goldwertig angesehenen hochwertigen Devise, oder unter Berücksichtigung des Preises für Feingold, meist nach der Londoner

Preisfestsetzung, über die Berliner Notiz des englischen Pfundes in deutsche Währung umgerechnet. Bei den Anleihen auf Devisenbasis finden wir besonders häufig den nordamerikanischen Dollar als Faktor (Rhein=Main=Donau A.=G., Deutsches Reich), aber daneben auch das englische Pfund (Hamburg) oder die schwedische Krone (Lübeck); für die Feingoldanleihen haben sich die Hypothekenbanken bzw. von diesen gegründete Spezialbanken, z. B. Süddeutsche Festwertbank, mit Vorliebe entschieden. Die Wahl anderer Faktoren blieb die Ausnahme, z. B. Kali auf Grund des Syndikatspreises (Preußen) oder elektrische Arbeit auf Grund des Preises des eigenen Werks (Elektrizitätswerk Plauenscher Grund in Freital, Stadt Kaufbeuren, Kommunales Überlandwerk Wittgenstein). In einzelnen Fällen kommt nun noch die Verbindung mit mehr als einem Faktor vor, z. B. Roggen und Braunkohle (Hessen), oder es kann unter bestimmten Bedingungen ein Faktor für einen anderen substituiert werden, z. B. auf Grund einer Goldkonvertierungsklausel das Gold an Stelle der Kilowattstunde bei der Anleihe der Stadt Kaufbeuren oder an Stelle von Kohlen und Roggen bei den Anleihen der Deutschen A.=G. für Landeskultur, und zwar zugunsten der Anleihegläubiger, oder der Preis einer bestimmten englischen Kohlenart an Stelle der bisherigen deutschen Art bei der Kohlenwertanleihe der Provinz Westfalen, und zwar zugunsten des Anleiheschuldners. Außerdem kommt nun noch eine nur teilweise Verbindung mit einem wertbeständigen Faktor vor, und zwar in verschiedenen Formen, z. B. bei der polnischen Goldanleihe durch Teilung des Stückes in einen wertbeständigen Abschnitt, der auf ideale Zloty=Währung lautet, und einen auf polnische Mark lautenden Abschnitt. Eine andere Form teilweiser Verbindung wählten Sachsen und Plauen, nämlich ein Teil der Zinsen wird in Papiermark auf Grund des Zeichnungspreises bezahlt, daneben wird jedoch eine niedrige (2 %) Braunkohlen= bzw. Holzprämie gewährt, außerdem erfolgt die Tilgung auf wertbeständiger Grundlage. Eine andere seltsame Form wählte das kommunale Überlandwerk Wittgenstein, nämlich nur die Verzinsung erfolgt im Anschluß an den gewählten Faktor, die Kapitalrückzahlung in Papiermark zum Preis der Zeichnung.

Von besonderer Bedeutung ist nun weiterhin der Zeitraum der Preisfeststellungen, welche für die Höhe der für Verzinsung und Tilgung geschuldeten Geldsumme maßgebend sein sollen. Wir finden hierbei, daß beispielsweise die Preise, welche für den betreffenden Faktor im Laufe eines Jahres festgestellt werden, berücksichtigt werden, indem aus allen diesen Preisen ein Durchschnittspreis errechnet wird, der dann für Zinsen und Tilgung zu einem bestimmten Termin maßgebend ist. Einen solchen Jahresdurchschnitt finden wir z. B. bei der Heidelberger Holzwertanleihe. Andere Anleihen berücksichtigen die Preise in dem letzten halben Jahr vor dem Zins- oder Tilgungstermin (z. B. Ferngaswerk Franken-Thüringen), andere einen Vierteljahresdurchschnitt (z. B. Mecklenburg) oder einen Monatsdurchschnitt (z. B. Goldanleihe Deutsches Reich), meist unter Ausschaltung einer kurzen Frist dicht vor dem Zinstermin, in welcher die Feststellung des Durchschnittspreises und die Publikation der errechneten Geldsumme erfolgen soll. Andere Anleihen nehmen keinen Durchschnittspreis, sondern nehmen den Preis eines bestimmten Tages, z. B. den Preis des siebenten Werktages vor dem Zins- und Tilgungstermin (Deutsche Landeskulturanleihen) oder den Preis vom Vortage des Verfalltages (Hamburg, Bremen, Lübeck). Eine Ausnahme bilden dann noch die auf elektrische Arbeit gestellten Anleihen (Plauenscher Grund und Wittgenstein), sie berücksichtigen den Preis am Verfalltage.

Bei der Beurteilung der bisher genannten Tatsachen wird man zunächst unwillkürlich auf die große Mannigfaltigkeit der wertbeständigen Anleihen hingelenkt. Kaum eine einzigste Anleihe ist nach ihrem Aufbau ohne weiteres mit einer anderen vergleichbar, soweit nicht ausnahmsweise eine planmäßige Vereinheitlichung, wie bei den Anleihen der Deutschen A.-G. für Landeskultur, herbeigeführt wurde. Man kann nicht den Preis einer einzigen wertbeständigen Anleihe beurteilen, ohne sich vorher zu vergewissern, wie der maßgebende Preis des Faktors im einzelnen berechnet wird. So leicht es ehemals war, sich über die in irgendeiner staatlichen oder kommunalen Schuldverschreibung versprochenen Leistungen zu orientieren, so schwierig ist es bei den wertbeständigen Anleihen. Zweifellos können dadurch in einer späteren Zukunft, wenn das Wort „wertbeständig" an Glanz verloren hat, weil uns die Wertbeständigkeit einmal wieder zur Selbstverständlichkeit geworden ist, Schwierigkeiten für den Verkehr in diesen Anleihen entstehen. Zu der Schwierigkeit, überhaupt erst mal festzustellen, wie denn die einzelne Anleihe aufgebaut ist, kommt nun bei einer großen Zahl von Anleihen die mangelnde Publizität der Preise des Faktors hinzu, welche für die Berechnung der Leistungen maßgebend sind. Unter heutigen Verhältnissen, und nach der jetzigen Schulung wohl auch noch auf lange Zeit hinaus, sind die Devisenkurse weitgehend bekannt und werden durch die Presse weitgehend verbreitet. Sehr viel schwieriger wird schon die Preisfeststellung, wenn eine Anleihe auf Feingold lautet, dessen Preis sodann erst über eine andere Währung in die eigene Währung umgerechnet werden soll; möglicherweise wird sich in Zukunft eine ausreichende Publizität des Feingoldpreises bei planmäßiger Arbeit erzielen lassen, sofern die Feingoldrechnung bei Hypotheken und Anleihen sich weiter durchsetzt; zweifellos ist die Publizität heutigentags noch gering, besonders im Verhältnis zu den Devisenkursen. Eine weitgehende Publizität ist auch bei den Berliner Roggen- und Weizenpreisen gegeben, so daß die Wahl dieser Berechnung bei wertbeständigen Anleihen unter diesem Gesichtswinkel günstig zu beurteilen ist, während die Publizität weit geringer ist bei allen Preisnotierungen der Provinzbörsen. Anleihen, die sich auf letztere Preisfeststellungen aufbauen, werden demgemäß nur in einem engeren provinziellen Gebiet ausreichende Beurteilung finden können. Wenig günstig ist auch die Publizität der Preise des Faktors bei den Kohlenwertanleihen zu beurteilen. Ein großer Teil der in Frage stehenden Preise wird wohl nur örtlich für die Allgemeinheit und im übrigen nur in Interessentenkreisen weiterhin publiziert. Noch geringer ist wohl die Publizität der Preise bei den Holzanleihen, wo lokale Preisfeststellungen maßgebend sind, die selten über den engeren Rahmen der Holzinteressenten oder der örtlichen Bevölkerung hinausdringen. Vom Kalipreis, vom Preis der elektrischen Arbeit einzelner bestimmter Werke gilt ähnliches. Bei einer großen Zahl wertbeständiger Anleihen sehen wir danach eine verhältnismäßig geringe Publizität der für die fortlaufende Beurteilung wesentlichen Preisfaktoren, und man fühlt sich danach zu der Frage hingedrängt, ob nicht die Grundlagen für das sogenannte „Heimweh" der Anleihen, in diesem Falle Heimweh in Richtung auf den Ort der Ausgabe einerseits und in Richtung auf den Interessentenkreis, der in irgendeiner Verbindung zu dem Faktor der Anleihe steht, andererseits, bei den wertbeständigen Anleihen in verstärktem Maße gegeben sind.

Betrachten wir nunmehr die bisher verwirklichten wertbeständigen Anleihen unter dem Gesichtswinkel, inwieweit sie nach Wahl des Faktors und nach der Art, wie ihr Preis auf die vom Schuldner zu leistenden Geldsummen einwirkt, tatsächlich als „wertbeständig" angesprochen werden können. Die Wahl einer Devise oder des Feingoldes als Faktor knüpft nicht an die Kaufkraft im Innern, sondern an die Kaufkraft gegenüber dem Ausland an. Das Gold wird trotz der zeitweilig erheblichen Schwankungen, denen seine Kaufkraft unterworfen ist, bekanntlich im internationalen Verkehr als die wertbeständigste Ware angesehen, an das sich die hochwertigen Devisen möglichst unmittelbar anschließen; ihm stehen seit langer Zeit hinsichtlich der Wertbeständigkeit der nordamerikanische Dollar, welcher ja mit besonderer Vorliebe als Faktor der wertbeständigen Anleihen gewählt wurde, sowie die schwedische Krone nahe, während das englische Pfund neuerdings unerwartete Eigenbewegungen aufwies. Eine gewisse Komplikation entsteht hierbei allerdings dadurch, daß die zugrunde gelegten amtlichen Devisenkurse in Deutschland neuerdings vielfach solche Kurse sind, zu denen man Devisen nicht in ausreichendem Maße erhalten kann, so daß sie auch nicht immer als Maßstab für die Kaufkraft gegenüber dem Ausland gelten können. — Hinsichtlich der Wertbeständigkeit wird dem Gold vielfach der Roggen gleichgestellt, wobei ganz besonders die Wertbeständigkeit des Roggens über jahrzehntelange Perioden betont wird. Für den Weltmarktpreis des Roggens mag dies zugegeben werden, nicht jedoch für den innerdeutschen Preis, welcher bei wertbeständigen Anleihen zugrunde gelegt wurde. Denn die besonderen Verhältnisse auf dem deutschen Markt bewirken starke Abweichungen vom Weltmarktpreis, wobei noch besonders zu bemerken ist, daß kein fester Zusammenhang der Abweichungen mit den allgemeinen Preisverschiebungen auf dem Inlandsmarkt feststellbar ist[1]. Als Beispiel seien genannt die enormen Preisverschiebungen des Roggens in einer Zeit, welche für die Herausbringung wertbeständiger Anleihen wichtig war, nämlich im Juli und August: 11. Juli 11,95 Goldmark pro Zentner märkischen Roggens, 13. August 3,35 Goldmark, Julidurchschnitt 8,69 Goldmark, Augustdurchschnitt 4,92 Goldmark; der deutsche Großhandelsindex, in Gold umgerechnet, blieb in dieser Zeit fast unverändert. Diese Veränderungen in der Zeit der Ausgabe wertbeständiger Anleihen sind von besonderer Wichtigkeit, denn in dieser Zeit vollzog sich ja auf Grund des Preises des Faktors die Leistung des Kreditgebers, welcher wertbeständige Anleihen zeichnete. Spätere zeitweilige Veränderungen der Preise mögen

---

[1] Vgl. Goldmarkzusammenstellung der Roggen- und Weizenpreise pro Zentner märkischer Provenienz in der Sonderbeilage der Deutschen Allgemeinen Zeitung vom 1. Januar 1924, Papiermarktpreise über Berliner Dollarnotierung in Goldmark umgerechnet. Ferner den deutschen Großhandelsindex in der Zeitschrift Wirtschaft und Statistik fortlaufend veröffentlicht.

beispielsweise nur eine einmalige Zinszahlung, einen verhältnismäßig
kleinen Tilgungsbetrag beeinflussen, ohne damit die Gesamtsumme aller
in der Anleihe versprochenen Leistungen wesentlich zu beeinflussen.
Bei den Preisschwankungen des Faktors in der Zeit der Ausgabe wird
aber der Ausgabekurs der Anleihe davon betroffen, so daß der Ausgangs=
punkt, auf den gewissermaßen alle späteren Leistungen zu beziehen sind,
verändert wird. Ähnliches ist beim Weizen festzustellen. Beim Roggen
und Weizen ist außerdem noch das besondere Moment gegeben, daß ihr
Preis im Inland ganz wesentlich von der Höhe der Getreidezölle be=
einflußt werden kann, und daß eine etwaige Wiedereinführung von
Getreidezöllen die Wertbeständigkeit der Roggen= und Weizenpapiere
ganz wesentlich beeinflussen kann. Außer dem Berliner Roggen= und
Weizenpreis sind nun, wie oben ausgeführt, auch die Hamburger,
Stettiner und andere Provinznotierungen als Maßstab gewählt, die
Preise dieser Provinzbörsen nähern sich den Berliner Preisen so sehr,
daß wesentliche Abweichungen hinsichtlich der Wertbeständigkeit für die
betreffenden Anleihen nicht daraus resultieren. — Die Möglichkeit sehr
starker Abweichungen von der Wertbeständigkeit — sowohl unter dem
Gesichtspunkt der Kaufkraft im Innern wie auch der Kaufkraft gegenüber
dem Ausland — ist bei den Holzwertanleihen durch die Wahl lokaler
Holzarten als Faktor und lokaler Preise gegeben, wobei das Fracht=
moment eine erschwerende Rolle spielt. — Auch bei den verschiedenen
Kohlenpreisen, welche für die Kohlenwertanleihen maßgebend sind,
zeigen sich sehr starke Eigenbewegungen, welche die Wertbeständigkeit
der betreffenden Anleihen beeinträchtigen — sowohl unter dem Gesichts=
punkt der Kaufkraft im Innern wie auch der Kaufkraft gegenüber dem
Ausland. Besonders im Jahre 1923, also der Zeit, wo die meisten
Kohlenanleihen herauskamen, stand die Preisbewegung infolge der
Ruhrbesetzung unter völlig einzigartigen Bedingungen; der Goldmark=
preis betrug zeitweilig das Mehrfache vom Friedenspreis, andererseits
blieb er auch gelegentlich infolge verspäteter Abänderung im Zusammen=
hang mit der behördlichen Regulierung hinter dem Friedenspreis zurück.
Wie beim Roggenpreis die Zölle, spielt bei den Kohlenpreisen nun noch
die Kohlensteuer eine erhebliche Rolle; jedoch war mit der Kohlensteuer
bisher die Absicht verbunden, den deutschen Kohlenpreis dem Welt=
marktpreis anzupassen, so daß hier eventuell von der Steuer bzw. von
der Abänderung derselben eine die Wertbeständigkeit fördernde Wirkung
ausgehen kann, sofern nicht gerade Zeiten betrachtet werden, in denen

der deutsche Kohlenpreis über dem Weltmarktpreis lag. — Bei der Beurteilung des Kalis als Faktor der Wertbeständigkeit ist zu beachten, daß der Preis desselben durch eine ganz bewußte Syndikatspolitik „gemacht" wird, so daß irgendwelche ausreichende Voraussetzungen für die Wertbeständigkeit beim Kali kaum gegeben sind. Noch eigenartiger steht es mit der elektrischen Arbeit als Faktor der wertbeständigen Anleihe; denn der Preis der elektrischen Arbeit, welcher für die Höhe der Verpflichtungen maßgebend ist, wird vom Schuldner selbst bestimmt. — So finden wir keinen Faktor, der geeignet wäre, die Wertbeständigkeit, gemessen an der Kaufkraft im Innern, zu repräsentieren. Gemessen an der Kaufkraft gegenüber dem Ausland finden wir die Wertbeständigkeit am besten repräsentiert durch das Gold oder goldwertige Devisen, während auch beim Weizen und Roggen, für welch letzteren die Wertbeständigkeit am stärksten in Anspruch genommen ist[1], starke Eigenbewegungen vorkommen und die Wertbeständigkeit der übrigen Faktoren durch besondere Momente erheblich beeinträchtigt wird. Wohlgemerkt handelt es sich hierbei um das Maß der Wertbeständigkeit, bezogen auf ein Ideal der Wertbeständigkeit, während die Tatsache der Wertbeständigkeit bei einem Vergleich mit dem schwankenden Wert des heimischen Geldes keineswegs in Frage gestellt wird[2].

Abgesehen von der Auswahl des Faktors kann nun auch noch der Zeitraum der Preisfeststellungen erhebliche Abweichungen hinsichtlich der Wertbeständigkeit bringen. Wir erwähnten oben, daß zum Teil Jahres- und Halbjahresdurchschnitte zur Berechnung des für Zinsen und Tilgung maßgebenden Preisdurchschnitts herangezogen werden. Bei Veränderungen des Wertes des heimischen Geldes kann die Berücksichtigung weit zurückliegender Preise dahin führen, daß die danach berechnete Leistung keineswegs mehr der Kaufkraft des Geldes im Augenblick der Fälligkeit entspricht. Bei Änderungen des Geldwertes ist daher ein Preisdurchschnitt, der weit zurückliegende Preise berücksichtigt, eine Quelle zur Abweichung von der Wertbeständigkeit. Andererseits ist natürlich ein Preisdurchschnitt geeignet, zufällige kurzfristige

---

[1] Z. B. Prospekt der oldenburgischen Roggenanweisungen.

[2] Muß a. a. O. S. 388ff. kommt hinsichtlich der Wertbeständigkeit des Faktors in einigen Punkten zu etwas anderen Ergebnissen. Der Unterschied erklärt sich daraus, daß Muß sich bemühte, aus allgemeinen Überlegungen heraus Grundsätze für die Wahl der Einheit aufzustellen, während Verfasser in der Lage ist, das Tatsachenmaterial des Jahres 1923 zu verwerten.

Preisschwankungen auszugleichen; dem Ideal der Wertbeständigkeit würde es deshalb wohl am nächsten kommen, wenn allerdings ein Preisdurchschnitt längerer Zeit genommen wird, jedoch nicht das Mittel von den Preisen in der schwankenden heimischen Währung genommen wird, sondern wenn alle einzelnen Preise in eine wertbeständige Währung, z. B. Dollar, Goldmark, umgerechnet werden und dann aus den so gewonnenen Dollar- oder Goldmarkziffern das Mittel genommen wird; ein Verfahren, das beispielsweise Preußen zugunsten seiner Anleihegläubiger gegenwärtig anwendet[1].

b) Die spezifische Deckung.

Wir gehen nunmehr zu der Frage über, wie bei den verwirklichten Anleihen die Deckung gegeben ist, und kommen dadurch zur Beantwortung der Frage nach der Zulässigkeit dieser Anleihen unter den besonderen Gesichtspunkten der wertbeständigen Anleihen. Wir hatten bisher die Frage nach der Deckung bzw. der Zulässigkeit dahingehend beantwortet, daß die wertbeständigen Anleihen genügend gesichert sind, wenn ihnen entsprechende wertbeständige Einnahmen gegenüberstehen, welche für die Bedeckung der mit Zinsen und Tilgung verbundenen Ausgaben verfügbar sind, und hatten noch die besonderen Anforderungen für den Fall, daß der Schuldner nicht im heimischen Geld leisten könne, festgestellt. Wir hatten sodann auf dieser Grundlage weiterhin festgestellt, daß die Vorbedingungen unter anderem dann gegeben sind, wenn mit der Anleihe Anlagen geschaffen werden, welche entsprechende wertbeständige Einnahmen mit Sicherheit erwarten lassen. Wir hatten festgestellt, daß nur in wenigen Fällen die Leistung des Schuldners nicht im heimischen Geld bewirkt werden könnte; aber wir müssen uns nunmehr fragen, ob in diesen Fällen die Beschaffung des Gutes, in welchem geleistet werden muß, ausreichend gesichert ist. An sich sind zunächst einmal Gold und Devisen, welche hierbei in erster Linie in Frage kommen, börsengängige Werte, die einen großen Markt haben und deshalb voraussichtlich beschaffbar sind, wenn nicht irgendeine Art von Zwangsbewirtschaftung dies zeitweilig verhindert. Außerdem aber betonen die Stellen, welche derartige Anleihen ausgegeben haben, daß sie über das betreffende Gut verfügen, z. B. die Hansastädte durch die auf Devisen gestellten Haseneinnahmen oder Österreich durch

---

[1] Vgl. Frankfurter Zeitung vom 11. Dez. 1923.

Zolleinnahmen. In dem besonderen Fall der kommunalen Überlandzentrale Spandau, wo eventuell in elektrischem Strom zu leisten ist, ist die Verfügung über den Strom durch eigene Produktion gegeben.

Soweit eine Verpflichtung zur effektiven Leistung in einem bestimmten Gut nicht gegeben ist, genügt die Feststellung, daß **Einnahmen in entsprechender Höhe gegeben sind**, die zur Bedeckung der Ausgaben für die wertbeständigen Anleihen verfügbar sind. Man kann das Vorhandensein solcher Einnahmen anzweifeln hinsichtlich der Anleihen des Deutschen Reichs, da zur Zeit der Ausgabe der beiden Anleihen den devisenwertigen Einnahmen so ungeheure devisenwertige Verpflichtungen gegenüberstanden, daß von einer „Verfügbarkeit" entsprechender Einnahmen kaum die Rede sein kann; den eigens für die Bedeckung der Goldanleihe eingeführten Vermögenssteuerzuschlägen konnte bei der Technik der Steuererhebung in der Zeit, in welcher die Anleihe ausgegeben wurde, der Charakter einer wertbeständigen Einnahme nicht zugesprochen werden, ganz abgesehen davon, daß die Vermögenssteuer für andere Reichszwecke bereits bis zur äußersten Grenze wird angespannt werden müssen, so daß es fraglich bleibt, ob ein besonderer Zuschlag für den besonderen Zweck der Goldanleihe überhaupt noch wird erhoben werden können. Wir können nicht zugeben, daß bei den Anleihen des Deutschen Reichs die spezifische Deckung für wertbeständige Anleihen im Haushalt schwankender Währung gegeben ist. Wir möchten den Vorgang bei der Goldanleihe vielmehr dahin beurteilen, daß von den Grundsätzen der Deckung in diesem Falle allerdings abgewichen ist, indem darauf spekuliert wurde, daß es gelingen würde, den ganzen **Haushalt auf wertbeständige Basis umzustellen**, wodurch die Voraussetzungen für wertbeständige Anleihen wesentlich geändert werden (s. u.). Bei der Dollarschatzanweisungsanleihe mag zum Teil der Gedanke mitgesprochen haben, daß die Eingänge aus dieser Anleihe als Devisenfonds dienen sollten, demnach bei Erfüllung ihres Zwecks nicht unbedingt konsumiert werden würden, ein Gedanke, der allerdings angesichts der derzeitigen Finanzgebarung als irrig angesprochen werden muß; eher wird man schon diesem Gedanken für die tschechische Gold-, Devisen- usw. Anleihe von 1919 folgen können.

Bei der großen Zahl wertbeständiger Anleihen, welche von deutschen Ländern und anderen öffentlichen Körperschaften ausgegeben wurden, brauchen wir die Frage nach der Verfügbarkeit einer wertbeständigen Einnahmequelle nun nicht in jedem einzelnen Fall besonders zu untersuchen, sondern wir sind in der Lage, die Frage nach der Verfügbarkeit solcher Einnahmequellen generell zu beantworten. Wir sehen nämlich, daß die Länder und die anderen öffentlichen Körperschaften in einer wesentlichen finanziellen Abhängigkeit vom Reich stehen, ganz besonders dadurch, daß das Reich das Recht hat, Steuerquellen an sich zu ziehen oder den nachgeordneten öffentlichen Körperschaften zu überweisen, wobei es diesen Körperschaften ausreichende Steuerquellen zunächst nicht belassen hat. Das Reich ist jedoch in hohem Grade daran interessiert, daß die öffentlichen Körperschaften ihre Verbindlichkeiten erfüllen, und es ist deshalb damit zu rechnen, daß das Reich den Körperschaften die Einnahmen oder Einnahmequellen zuweist, deren sie zur Erfüllung der Verbindlichkeiten bedürfen, wie es z. B. im Jahre 1923 wiederholt geschehen ist. Ob für die Bemessung der Höhe dieser Einnahmen und Einnahmequellen auf die Dauer die finanziell schwächste Körperschaft praktisch maßgebend sein wird oder irgendein Durchschnitt — unter besonderer Stützung der Schwächsten — das ist generell wohl nicht zu beantworten. Mit ausreichender Sicherheit aber läßt sich danach sagen, daß diejenige Körperschaft besondere Einnahmequellen verfügbar hat zur Bedeckung der mit einer wertbeständigen Anleihe verbundenen Ausgaben, welche überdurchschnittliche Einnahmen auf irgendeinem Gebiet zu erwarten hat. Man wird nun jedoch überdurchschnittliche Steuereinnahmen kaum als eine ausreichende Einnahmequelle ansehen können, weil wir uns daran haben gewöhnen müssen, in der Zeit der Geldwertschwankungen die Steuereinnahmen überhaupt als einen durchaus unübersichtlichen Faktor zu betrachten. Anders steht es aber, wenn eine öffentliche Körperschaft in überdurchschnittlichem Maße über Vermögenswerte verfügt, welche ihr eine wertbeständige Reineinnahme bringen. Diese Vermögenswerte mit den aus ihnen resultierenden wertbeständigen Einnahmen können als Bedeckung für die entsprechenden wertbeständigen Anleihen angesprochen werden, wobei dann auch gleichzeitig die Sicherung hinsichtlich der Kreditwürdigkeit gegeben ist, da ja nicht nur wertbeständige Einnahmen, sondern auch wertbeständige Vermögenswerte gegeben sind. Wohl gemerkt, dies wird nicht als „allgemeiner Grundsatz der wertbeständigen Anleihen" behauptet, sondern nur hinsichtlich der dem Deutschen Reich nachgeordneten öffentlichen Körperschaften.

Wir müssen uns nun einmal die Frage vorlegen, welche Vermögenswerte denn wertbeständige Einnahmen mit Sicherheit erwarten lassen.

Im Gegensatz zu Muß[1] muß nun gesagt werden, daß eigene Produktion eines Guts keineswegs entsprechende wertbeständige Einnahmen fortlaufend mit Sicherheit erwarten läßt. Den Einwendungen von Preyer[2] gegen die Roggenrechnung gegenüber der Landwirtschaft muß in diesem Punkte zugestimmt werden, und man kann seine Ausführungen hinsichtlich der Belastung mit Roggenrenten sinngemäß auf Bergwerke hinsichtlich der Belastung mit Kohlen- und Kalirenten ausdehnen. Die öffentlichen Körperschaften sind als Produzenten hinsichtlich der zu erwartenden Einnahmen sogar in einer ganz besonders schwierigen Lage, da die Erzielung von Überschüssen bei der Produktion in hohem Maße abhängig ist von der zweckentsprechenden Arbeit des Leiters des Produktionsbetriebes. Es ist bekannt, welche Schwierigkeiten die öffentlichen Körperschaften haben hinsichtlich der geeigneten Auswahl des Leiters wie auch hinsichtlich geeigneter Interessierung desselben am Produktionserfolg. Wenn dann jedoch Preyer zu einer geradezu vollständigen Ablehnung der Roggenrenten kommt, dann muß dagegen gesagt werden, daß nicht grundsätzlich und allgemein, wohl aber in einer großen Zahl geeigneter Fälle mit wertbeständigen Einnahmen gerechnet werden kann. Hier ist zunächst der Fall der Meliorationen zu nennen, welche gemeinhin nicht nur eine Steigerung der Roherträge, sondern auch der Reinerträge erwarten lassen. So bedeutend nun dieser Fall war für die private Aufnahme von Roggenrenten, so unbedeutend war er für die Aufnahme wertbeständiger Anleihen von öffentlichen Körperschaften; die Anleihen sollten nicht oder nur zum Teil den Gütern oder Bergwerken zugute kommen, auf deren Erträgnisse sie sich stützen, sondern anderen Zwecken. Ein für die Aufnahme wertbeständiger Anleihen sehr wesentlicher Fall ist aber, daß landwirtschaftliche Güter, welche öffentlichen Körperschaften gehören, langfristig gegen Roggenzins verpachtet sind, wobei dann also das Risiko der Produktion auf den Pächter abgewälzt ist; es ist bei dem Eigentum öffentlicher Körperschaften an landwirtschaftlichem Grund und Boden wohl als Regel zu betrachten, daß sie nicht durch eigene Produktion, sondern durch Verpachtung genutzt werden. Bei den hier bekannten Roggen- und auch Weizenanleihen wird als Deckung immer wieder auf die entsprechenden Pachteinnahmen hingewiesen, welche auch der

---

[1] A. a. O. S. 399 ff.; den gleichen Standpunkt wie Muß nimmt auch die Frankfurter Zeitung in Nr. 2 vom 2. Januar 1923 ein.

[2] Roggenpapiere und Roggensteuern, Jena 1923, S. 48 ff. und S. 62 ff.

Art ihrer Berechnung nach den mit den Anleihen eingegangenen Verpflichtungen entsprechen sollen. Als eine grundsätzlich erheblich schlechtere Deckung muß demgegenüber beispielsweise die Deckung bei der preußischen Kalianleihe oder bei der Zwickauer Kohlenanleihe, bei denen auf die Deckung durch den Betrieb bzw. die Aktienmehrheit der Gruben verwiesen wird, angesprochen werden; zweckmäßig wäre in diesen Fällen das Hauptgewicht darauf zu legen gewesen, ob durch Verwendung der Anleihe entsprechende wertbeständige Einnahmen geschaffen werden. Günstiger als bei landwirtschaftlichen Gütern ist im Falle eigener Produktion die Frage nach den wertbeständigen Einnahmen zu beurteilen bei Waldungen. Bei diesen sind einerseits die Renteneinnahmen gesicherter als bei landwirtschaftlichen Gütern, da die jährlichen Aufwendungen geringer sind im Verhältnis zum jährlich zu gewinnenden Rohertrag. Außerdem können etwaige vorübergehende Mindereinnahmen bei einer sonst ordnungsmäßigen Forstwirtschaft, die wohl bei Waldungen in öffentlicher Hand bei uns stets gegeben ist, durch verstärkte Holznutzungen zeitweilig ausgeglichen werden. Es ist nun aber selbstverständlich zu beachten, daß die jährlichen Holznutzungen Roherträge und nicht Reinerträge darstellen, und deshalb legen die Stellen, welche Holzwertanleihen ausgegeben haben, auch Wert darauf, daß die jährlichen normalen Holznutzungen ein Mehrfaches der für den Anleihedienst erforderlichen Beträge ausmachen. — Eine ganz besondere Rolle hinsichtlich der wertbeständigen Anleihen spielt nun das Eigentum der öffentlichen Körperschaften an Betriebswerken, insbesondere Gas-, Elektrizitäts- und Wasserwerken. Das Eigentum an solchen Betriebswerken ist bei den öffentlichen Körperschaften in Deutschland, ganz besonders den Städten, so verbreitet, daß man nicht immer, wenn solche Betriebswerke vorhanden sind, auf überdurchschnittliche Einnahmen schließen darf. Auch die Frage, ob bei diesen Anlagen in Zeiten schwankenden Geldwertes mit einer gewissen Wahrscheinlichkeit überhaupt wertbeständige Einnahmen erzielt werden, wird nach den Erfahrungen der letzten Jahre angezweifelt. Aber wenn auch unbedingt abgelehnt werden muß, schlechthin das Vorhandensein von Einnahmen aus Betriebswerken als ausreichende Deckung für wertbeständige Anleihen zu erklären, so können wir auch hier geeignete Sonderfälle bestimmen, welche die verlangten wertbeständigen Reineinnahmen erwarten lassen. Der Hauptfall ist der Fall der Betriebsverbesserung — entsprechend der landwirtschaftlichen Melioration —, welche nur dank der aufzunehmenden wertbeständigen Anleihe zur Ausführung gelangen kann, wobei die Vermehrung der Reineinnahmen dadurch in erhöhtem Maße gesichert wird, daß bei dem tatsächlichen oder rechtlichen Monopol der meisten Betriebswerke die Einnahmevermehrung nicht durch gleiche Verbesserungen bei konkurrierenden Werken gefährdet wird. Auch hier machen wir nun eine eigenartige Entdeckung: Trotzdem die Frage der Betriebsverbesserung überall als brennend angesehen wird, trotzdem bei fast allen öffentlichen Betriebswerken viele mögliche rentable Betriebsverbesserungen aus Kapitalmangel zurückgestellt werden[1], trotzdem wohl von fast jeder kommunalen wertbeständigen Anleihe ein mehr oder weniger großer Teil zu Betriebsverbesserungen bestimmt ist, ist es eine Ausnahme geblieben, daß wertbeständige Anleihen auf Betriebsverbesserungen schlechthin fundiert wurden; als solche Ausnahme sei die Koksanleihe der Stadt Kottbus genannt. In anderen Fällen, wo die Anleihe fast ausschließlich zu Betriebsverbesserungen Verwendung finden sollte, hat man sie auf anderem werbenden Eigentum der ausgebenden Stellen basiert, z. B. die Weizenanleihe der Stadt Hannover auf Einnahmen aus Stadtgütern. Es ist ein charakteristisches Zeichen für die Vorsicht, mit welcher Länder und Gemeinden an wertbeständige Anleihen herangingen, daß sie gewöhnlich nur da Betriebsverbesserungen als ausreichende Grundlage für eine wertbeständige Anleihe ansprachen, wo sie sich auf besondere nicht allgemein, sondern nur unter ganz besonderen Bedingungen zu realisierende Vorteile stützen konnten. So ist ein großer Teil von wertbeständigen Anleihen aufgenommen zur Schaffung von Wasserkraftanlagen[2], z. B. die Anleihen der Rhein-Main-Donau, Walchensee, Neckar, Kraftwerke Oberweser, Badenwerk A.-G., sowie der Städte Breslau, Danzig, Eschwege und Vöhrenbach. Aber die Anleihe der Stadt Vöhrenbach wird nicht einmal auf den Einnahmen dieser Wasserkraftanlage basiert, sondern auf dem Waldbesitz der Stadt und dementsprechend als Holzanleihe herausgebracht. Neben den Wasserkraftanlagen hat auch die Ausnutzung der Vorzüge von Großanlagen, welche unter ganz besonders günstigen Bedingungen arbeiten, Anlaß zur Aufnahme wertbeständiger Anleihen gegeben, z. B. der Anleihen des Kraftwerkes Mitteldeutschland-Kassel,

---

[1] Auf Grund vielfacher persönlicher Mitteilungen.
[2] Siehe hierzu Muß a. a. O. S. 402, welcher wegen Fehlens eigener Kohlenproduktion bei der Badenwerk-Anleihe einen „theoretischen Konstruktionsfehler" sieht.

des Ferngaswerks Franken-Thüringen, des Werks Plauenscher Grund-Freital, der kommunalen Überlandzentrale Spandau, der Großkraftwerke Mannheim und Hannover und des Landes Sachsen. Eine Besonderheit, die für die Frage der Sicherung und Zulässigkeit wichtig ist, ist bei diesen Anleihen zum Teil noch dadurch gegeben, daß nicht in allen Fällen die Form der Kohlenwertanleihe, die dadurch besonders gerechtfertigt ist, daß bei der Produktion durch die Art der Anlage eine bestimmte Menge Kohlen gespart wird, gewählt ist, sondern mehrfach die Form der Goldanleihe, z. B. bei der Rhein-Main-Donau-, Neckar-, Walchensee-, Kraftwerke Oberweser-, Eschweger und Danziger Anleihe. Gemeinhin wird dies dadurch erklärt, daß auch die Strompreise nicht auf Basis des Kohlenpreises, sondern auf Goldmarkbasis berechnet werden, was ja selbstverständlich, wie in den genannten Fällen auch tatsächlich gegeben, nur dann möglich ist, wenn es sich um Wasserkraftwerke und nicht um Kohlenbetriebe handelt. Bei diesen Wasserkraftwerken würde möglicherweise die Höhe des Goldmarkstrompreises und damit auch die Höhe der Reineinnahmen auf die Dauer eine Grenze finden in den für etwaige als Konkurrenz auftretende Kohlenwerke notwendigen Strompreisen; aber demgegenüber wird im allgemeinen erklärt, daß die Höhe des bei der Kalkulation in Goldmark angesetzten Strompreises so vorsichtig bemessen ist, daß eine Konkurrenz durch Kohlenwerke auch auf lange Sicht praktisch nicht in Frage kommt. — Eine andere Art der Sicherung ist dort gegeben, wo die wertbeständige Anleihe der Erweiterung elektrischer Verteilernetze dient, z. B. die Anleihen des Schleswig-Holsteinischen Elektrizitätsverbandes, des Kreises Rothenburg a. d. Fulda und zum Teil diejenigen Anleihen, welche gleichzeitig dem Ausbau von Wasserkraftanlagen dienen. Bei diesen Elektrizitätsnetzen besteht die Einnahme zumeist in einer Abgabe vom Strompreis, welche mit dem Stromverbrauch entsprechend steigt. Ähnlich wie bei den Wasserkraftanlagen sind die fortlaufenden Ausgaben niedrig im Verhältnis zu der einmaligen Ausgabe anlässig der Schaffung des Elektrizitätsnetzes. Die Einnahmen tragen daher den Charakter einer Art Renteneinnahme, bei wertbeständiger Berechnung der Stromabgabe einer wertbeständigen Renteneinnahme. Bei Erweiterungen des Netzes, denen die Anleihen dienen, kommt nun noch der Tatbestand hinzu, daß die Neuaufwendungen vielfach verhältnismäßig gering sind, weil vorhandene Hauptleitungen für die Stromzuführung mit benutzt werden können. Man kann daher wohl in diesen Erweiterungen eine geeignete Sicherheit für wertbeständige Anleihen sehen, und zwar für eine Goldanleihe, wenn auch die Stromabgabe auf Goldbasis erhoben wird, für eine Kohlenanleihe, wenn auch die Stromabgabe auf Kohlenbasis erhoben wird. Seltsamerweise ist nun jedoch auch für diesen Zweck eine Roggenanleihe herausgegeben, nämlich vom Kreis Rothenburg a. d. Fulda, während die Stromabgabe auf Goldbasis erhoben wird. Ohne an der sonst vortrefflichen Deckung dieser Anleihe zu zweifeln, muß doch gesagt werden, daß hier zweifellos ein Verstoß gegen die Hauptsätze wertbeständiger Deckung vorliegt, besonders da der Kreis über irgendwelche nennenswerte Roggeneinnahmen nicht verfügt.

Wir müssen nun hinsichtlich der Deckung der wertbeständigen Anleihen noch eine besondere Tatsache berücksichtigen, welche in den außerordentlich schwankenden Verhältnissen des für die Ausgabe wertbeständiger Anleihen besonders wichtigen Jahres 1923 begründet ist. Diese schwankenden Verhältnisse bewirkten, daß die Realisierung irgendwelcher Projekte, welche aus den Mitteln einer solchen Anleihe erfolgen sollte, zweifelhaft wurde, so daß möglicherweise die Anleihebelastung eintrat, ohne daß nennenswerte wertbeständige Einnahmequellen durch die Anleihen erschlossen wurden (s. II c.); jede Kalkulation konnte illusorisch werden dadurch, daß infolge der besonderen Verhältnisse nur die Hälfte, ein Viertel oder noch weniger von dem betreffenden Projekt zur Durchführung kam. Dieses Risiko mußte irgendwie berücksichtigt werden und ist auch stets berücksichtigt worden. Wir sehen, daß keine einzige wertbeständige Anleihe, mit Ausnahme der Anleihen des Deutschen Reichs, von einer Stelle ausgegeben wurde, welche nicht bereits über wertbeständige Einnahmen verfügte. Soweit die Anleihen überhaupt auf vorhandenen wertbeständigen Einnahmen basiert wurden, wie fast alle Roggen- und Holzanleihen, ist dies von vornherein klar; aber auch in allen übrigen Fällen läßt sich dies ohne Schwierigkeit aufzeigen. Nehmen wir beispielsweise die Anleihen des Badenwerkes, der Rhein-Main-Donau-A.-G., der Stadt Breslau oder der Elektrizitätsverbände, überall finden wir den Nachweis geführt, daß bereits sehr bedeutende wertbeständige Einnahmen, denen keine entsprechenden Lasten gegenüberstehen, vorhanden sind. Die Forderung, daß bereits vor Verwirklichung des Anleiheprojektes wertbeständige Einnahmen zur Deckung des Zinsen- und Tilgungsdienstes in einem mehr oder weniger großen Maße vorhanden sein mußten, ist für das Jahr 1923 und die derzeitigen deutschen

Verhältnisse zweifellos berechtigt. In wie hohem Maße diese Deckungs=
mittel aber bereits vorhanden sein mußten, das läßt sich zweifellos nur
nach Lage des Einzelfalles sagen, denn man darf nicht vergessen, daß
die Ausführung vieler in Frage stehender Werke bereits in hohem Maße
gesichert war, entweder indem sie überhaupt bereits weit gefördert
waren, zumeist unter Zuhilfenahme von kurzfristigen Papiermark=
krediten, welche aus dem Erlös der wertbeständigen Anleihe abgedeckt
werden sollten, oder aber durch geeignete Abkommen über die Her=
stellung der Anlage, indem z. B. Firmen sich bereit erklärten, sich in
wertbeständiger Anleihe bezahlen zu lassen, und dergleichen.

Wir haben bisher dargelegt, welche wertbeständigen Einnahmen
bzw. welche Vermögenswerte geeignet erscheinen, als Deckung für eine
wertbeständige Anleihe zu dienen, und welche besonderen Rücksichten
hinsichtlich der Deckung durch erst neu zu schaffende Anlagen zu nehmen
sind. Wir können uns nun noch fragen, ob es genügt, daß die wert=
beständigen Einnahmen überhaupt die regelmäßigen Aufwendungen
für Zinsen und Tilgung decken, oder ob darüber hinaus eine höhere
Deckung vorhanden sein muß. Die Frage ist insofern von besonderer
praktischer Bedeutung, als das preußische Ministerium des Innern in
Gemeinschaft mit dem Finanzministerium als Genehmigungsinstanz
für Inhaberanleihen durchgängig verlangte, daß die wertbeständigen
Einnahmen das Dreifache der durch den Zinsen= und Tilgungsdienst
verursachten wertbeständigen Verpflichtungen ausmachte [1]. Wir können
hieran wieder sehen, mit welcher ungemeinen Vorsicht dem Reich nach=
geordnete Körperschaften an die wertbeständigen Anleihen herangingen.
Der leitende Gedanke hierbei war, daß die Entwicklung der Verhält=
nisse für die nächsten Jahre bei Ausgabe der Anleihen noch völlig un=
übersichtlich war. Man dachte an die landwirtschaftliche Krise, welche
nach der irgendwann erfolgenden Stabilisierung eintreten würde, an
Rückgang des Elektrizitätsverbrauchs, an Absatzschwierigkeiten für Holz,
und dergleichen. Ob einmalige oder mehrfache Deckung erforderlich war,
darüber ließ sich in jenen schwierigen Zeiten kaum urteilen, und es war
sicherlich das Wesentlichste, daß zunächst mal überhaupt ein Entschluß
gefaßt wurde, auch wenn infolge zu hoher Deckungsansprüche die eine
oder andere Anleihe nicht zur Entstehung kam. Als übermäßig allerdings
müssen wir die Deckungsforderung bezeichnen, wenn in der gemein=

---

[1] Nach persönlicher Mitteilung.

samen Verfügung des preußischen Ministeriums des Innern und des Finanzministers vom 9. Januar 1924 betreffend wertbeständige Anleihen der Gemeinden und Gemeindeverbände[1] noch die dreifache Deckung für Sachwertanleihen gefordert wird, während Goldanleihen überhaupt ohne spezielle wertbeständige Deckung genehmigt werden sollen (s. unten).

c) Die spezifischen Kosten.

Wir hatten oben von den Kosten der wertbeständigen Anleihen kurz die Zinssätze und Emissionskurse betrachtet. Wir kommen nun dazu, die Kostenfrage unter den spezifischen Gesichtspunkten der wertbeständigen Anleihen zu betrachten. Wir finden hier nun ganz außerordentliche Abweichungen hinsichtlich der tatsächlichen Kosten solcher Anleihen, welche begründet sind vor allem in den besonderen Verhältnissen, unter denen die Mehrzahl der Anleihen an den Markt kam. Man muß zunächst daran denken, daß ebenso wie die Verpflichtungen des Schuldners einer wertbeständigen Anleihe vom Preis des Faktors beherrscht werden, auch die Leistung des Gläubigers in Beziehung steht zu dem betreffenden Preis. Und nun erinnern wir uns daran, was wir oben über die Wertbeständigkeit der in Frage stehenden Faktoren sagten, über die außerordentlichen Schwankungen, welche diese Preise durchgemacht haben, denen gleiche Schwankungen des allgemeinen Preisniveaus nicht gegenüberstehen. Stand der Preis, welcher dem Ausgabekurs einer Anleihe zugrunde gelegt wurde, gerade verhältnismäßig niedrig, so erhielt der Schuldner aus diesem Grunde möglicherweise erheblich weniger, als er erwartete; eine Tatsache, durch die alle aufgestellten Kostenberechnungen erheblich abgewandelt werden konnten. Außer diesen kurzfristigen Schwankungen ist an Preisverschiebungen über längere Perioden zu denken. Nehmen wir beispielsweise einmal die Goldanleihe der Rhein-Main-Donau-A.-G., welche auf Dollarbasis im April 1923 ausgegeben wurde. Die Kaufkraft des Dollars in Deutschland war derzeit, gemessen am Großhandelsindex, größer als in der Vorkriegszeit[2], ein Verhältnis, das zweifellos nicht andauern konnte; es war also mit erheblicher Sicher-

---

[1] Ministerialblatt für die preußische innere Verwaltung, Jahrg. 1924, Nr. 3, S. 49.

[2] Großhandelsindexzahlen des Statistischen Reichsamts auf Dollarbasis umgerechnet 89,5, s. Zeitschrift Wirtschaft u. Statistik, wo die Veröffentlichung fortlaufend erfolgt.

Die wertbeständigen Anleihen in finanzwirtschaftlicher Betrachtung. 41

heit damit zu rechnen, daß Verzinsung und Rückzahlung unter Berücksichtigung der Kaufkraft „entwertet" erfolgen könnten. Nehmen wir ferner z. B. die Breslauer Kohlenwertanleihe; sie wurde, wenn man den derzeitig gültigen Preis von über 120000 Mk. für die Tonne Kohle und den Ausgabekurs von 60000 Mk. berücksichtigt, tatsächlich zu 50 % ausgegeben, die Verzinsung beträgt also tatsächlich nicht 6, sondern 12 %, wozu dann noch die Differenz zwischen dem 50 %igen Ausgabekurs und dem 100 %igen Tilgungskurs käme. Die Anleihe würde demnach für den Schuldner ungeheuer teuer. Jedoch ist hier etwas anderes zu bedenken, nämlich: die Kohlenpreise waren derzeit sehr hoch infolge der anormalen Verhältnisse, welche durch die Ruhrbesetzung verursacht waren. Trotz des Kurses von 50 % erhielt Breslau immerhin auf diese Weise, in Gold umgerechnet, noch rund 75 % des Vorkriegspreises für eine Tonne der betreffenden Kohle, und die Kaufkraft dieses Preises war zur Zeit der Ausgabe dieser Anleihe (April 1923), gemessen an dem in Gold umgerechneten Großhandelsindex, zweifellos größer als in der Vorkriegszeit. Mußte Breslau damit rechnen, daß das im April bestehende Verhältnis des Kohlenpreises zu den übrigen Warenpreisen bestehen bleiben würde und infolgedessen alle zukünftigen Verpflichtungen aus dieser Anleihe beeinflussen würde, dann würde die Anleihe allerdings als außerordentlich teuer anzusprechen sein. Konnte aber Breslau damit rechnen, daß das nicht der Fall sein würde, dann kommen wir zu einem wesentlich anderen Urteil.

Aber hiermit sind die spezifischen Kostenmomente nicht erschöpft. Wie der relative Preis des Faktors zur Zeit der Festsetzung des Ausgabekurses sich stellte, war von großer Wichtigkeit, aber immerhin ein Moment, das man noch in seinen Entschließungen berücksichtigen konnte. Das Tempo der fortschreitenden Geldentwertung brachte neue Momente, denen man sich durch neue Formen anzupassen müßte, aber durch die es trotzdem zu schweren Schädigungen der Anleiheschuldner gekommen ist. Es handelt sich hier hauptsächlich um zwei Punkte. Erstens: Der Schuldner mußte das von den Zeichnern der Anleihe einzuzahlende Geld unentwertet zu seiner Verfügung erhalten, und zwar unentwertet gegenüber dem Geldwert, mit welchem bei Festsetzung des Ausgabekurses gerechnet wurde. Und zweitens. Der Schuldner mußte das Geld unentwertet dem Verwendungszweck zuführen. Dies letztere war nun offensichtlich bei Arbeiten, welche sich über einen langen Zeitraum erstreckten, vielfach nicht möglich, wenn man das einkommende Geld in Papiermark bis dahin liegen ließ; infolgedessen kam es darauf an, inzwischen eine wertbeständige Zwischenanlage ohne Verluste durch Geldentwertung durchzuführen [1].

Wenden wir uns nunmehr der erstgenannten Frage zu, das Geld von den Zeichnern unentwertet hereinzubekommen. Es ging zuerst verhältnismäßig gut. Die erste Ausgabe der mecklenburgischen Roggenanleihe erfolgte zum Preise von 10000 Mk. für den Zentner Roggenwert, Zeichnungsfrist war vom 1. bis 9. Dezember 1922, die Einzahlung mußte bis zum 31. Dezember 1922 erfolgen; nach dem am Einzahlungstag geltenden Dollarstand machten diese 10000 Mk. 5,8 Goldmark aus. Weitere Ausgaben wertbeständiger Anleihen in den Monaten Februar bis April 1923 profitierten von der derzeitigen Stabilisierungsaktion. Mit Aufhören dieser Aktion aber setzten die Schwierigkeiten ein. Insterburg hatte seine 6%ige Roggenwertanleihe noch in der Zeit der Stabilisierung aufgelegt, die Zeichnungsfrist lief vom 5. bis 15. April 1923, Einzahlungstermin war der 30. April, und bis dahin hatte das Geld sich so weit entwertet, daß der Zentner Roggenwert nur noch 5 Goldmark brachte. Es kam bald noch schlimmer. Die erste Ausgabe der 5%igen preußischen Roggenanleihe, welche vom 11. bis 18. Mai zur Zeichnung auflag, deren Einzahlungstermin der 28. Mai 1923 war, brachte nur 3,8 Goldmark für den Zentner Roggenwert; ebenso erging es bei der noch im gleichen Monat erfolgten weiteren Ausgabe. Der Juni brachte ganz besonders schwere Schläge: Die Berliner Roggenwertanleihe ergab 2,6 Goldmark für den Zentner Roggenwert, die 6%ige Roggenwertanleihe der Thüringer Landeskirche 2 Goldmark, die 5%ige Weizenwertanleihe der Stadt Hannover 3,8 Goldmark, die 5%ige Dresdener Roggenanleihe im Juli brachte 2,1 Goldmark [2]. Es ist klar ersichtlich, im Verhältnis zu dem, was die Anleihen brachten, waren sie außerordentlich teuer.

Man versuchte, diesen Schwierigkeiten zu entgehen. Es kam darauf an, die Zeit zwischen Festsetzung des Ausgabekurses und dem Einzahlungstermin auf ein Minimum zusammenzuschieben. Interessant ist hierbei zunächst die Form, die Göttingen wählte: es setzte fest, daß der Magistrat den Preis, zu dem ausgegeben wird, jederzeit ändern konnte,

---

[1] Über diesen zweiten Punkt sollen im folgenden keine detaillierten Ausführungen gemacht werden, da hierüber nur vertrauliche Nachrichten vorliegen.

[2] Nach dem Mittel des Dollarkurses vom Vor- und Nachtage des Einzahlungstages berechnet, da an dem betreffenden Tage keine Devisennotierung erfolgte.

es band sich also nicht für längere Frist an einen bestimmten Preis. Eine andere Form wählte das Großkraftwerk Hannover: es verkürzte die Zeichnungsfrist für seine Kohlenwertanleihe auf zwei Tage, nämlich den 8. und 9. August 1923. Gleichzeitig wurde die Formel eingeführt, daß gezeichnete Stücke als voll zugeteilt gelten und sofort zu bezahlen sind. Immerhin kam es auch hierbei noch zu starken Differenzen hinsichtlich des erwarteten und des tatsächlichen Wertes der eingehenden Beträge; beispielsweise bedeutete der vom Großkraftwerk Hannover zugrunde gelegte Preis von 6900000 Mk. für die Tonne Kohlenwert am 9. August nur etwa 6 Goldmark, also weniger als die Hälfte des Vorkriegsgoldpreises für die betreffende Kohlenart. Also auch diese Form, bei der schließlich doch der Ausgabekurs mehrere Tage festlag, entsprach den unglaublich schnellen Bewegungen auf dem Devisen- und Warenmarkt vom August ab nicht mehr. Der Ausgabekurs mußte gleitend gestaltet werden, und hier hatte die Rhein-Main-Donau-A.-G. bereits im April ein vortreffliches Beispiel gegeben, indem sie bestimmte, daß der Zeichnungskurs jeden Tages sich nach dem Dollarstand des Tages vor der Zeichnung richten sollte. Ähnlich verfuhr man nunmehr bei den Goldanleihen und bei Roggenanleihen, also bei solchen Anleihen, wo täglich oder annähernd täglich Preisnotierungen für den Faktor veröffentlicht wurden. Schwieriger war es natürlich bei anderen Anleihen, wie z. B. Holzanleihen, bei denen die Notierungen nur in großen Abständen herauskommen. Jedoch mußte man sich auch hier zu helfen, indem man einen Goldmark- bzw. Dollargrundpreis festsetzte, der täglich über den Berliner Dollarkurs in Papiermark umzurechnen war, so daß auch hier die täglichen Geldwertänderungen berücksichtigt wurden. Von der Ausgabe größerer Kohlenanleihen wurde in der kritischen Periode des weiteren Absinkens des Geldwertes anscheinend abgesehen.

Aber auch bei dieser Form kam es noch zu großen Schädigungen des Anleiheschuldners. Am bekanntesten sind wohl die Vorgänge bei der Reichsgoldanleihe geworden, wo die Spekulation in großem Stil an solchen Tagen, an denen der Dollar erheblich gestiegen war, zum niedrigeren Kurse des Vortages zeichnete und dann die zugeteilten Stücke sofort wieder veräußerte zu einem Kurse, der sich bei der derzeitigen Jagd nach wertbeständigen Anlagen dem Kurs desselben Tages näherte, wenn er ihn wegen dieser spekulativen Machenschaften auch nicht erreichte. Soweit nicht die eingehenden Beträge wie beim Reich in den bodenlosen Abgrund der Defizitwirtschaft einströmten, sondern soweit die eingehenden Beträge vom Anleiheschuldner in wertbeständige Anlagen bzw. Zwischenanlagen umgewandelt werden sollten, ergab sich natürlich bei der Wahl des Vortagskurses, daß die auf Grund des Dollarkurses des gleichen oder gar erst des folgenden Tages zu erwerbenden Werte ihrem Goldwert nach hinter dem Wert der hingegebenen Anleihe zurückblieben. Man mußte den Kurs des Vortages verlassen und wählte den Kurs des Tages der Zeichnung, und zwar noch mit der Begrenzung, daß nur bis 12 Uhr eingehende Zeichnungen, wo also eine Wiedereindeckung noch am gleichen Tage möglich war, zum Kurs desselben Tages gezeichnet werden konnten, während später eingehende Zeichnungen zum Kurs des folgenden Tages berechnet wurden, so z. B. Danzig, Hamburg, Lübeck. Es berührt erstaunlich, wenn etwa zur gleichen Zeit eine Anleihe wie die 6%ige Weizenanleihe der Stadt Apolda herauskommt, bei welcher nicht der Kurs vom Tage der Zeichnung, nicht der Kurs vom Vortag, sondern der Kurs vom zweiten Werktag vor dem Zeichnungstag zugrunde gelegt wird. Daß hierdurch ein außerordentlicher Anreiz zur Zeichnung gegeben wird, ist zweifellos; aber gleichzeitig geht die betreffende Stadt ein Risiko ein hinsichtlich des einkommenden Wertes des Anleiheerlöses, das mit einer gesunden Finanzführung kaum vereinbar ist.

Die unentwertete Hereinbringung des Anleihebetrages war durch die Form, welche Danzig, Hamburg und Lübeck wählten, allerdings gesichert; aber es kam eine Zeit, etwa von Anfang November ab, wo es völlig in Frage gestellt war, ob man für den eingehenden Betrag auch wieder wertbeständige Zwischenanlagen erwerben könnte, bzw. wo diese Zwischenanlagen in Gold völlig überwertet waren. Die Geldentwertung, welche selbst erst das Entstehen der wertbeständigen Anleihen verursacht hatte, begann durch ihr rasendes Tempo die Ausnutzung dieses Kreditmittels wieder unmöglich zu machen. Die wenigen größeren Anleihen, welche damals noch zur allgemeinen Zeichnung auflagen, z. B. die Hamburger Anleihe und die Lübecker Schwedenkronenanleihe, wurden für Papiermarkeinzahlung geschlossen und blieben nur für Deviseneinzahlung offen. Nach der gegen Ende November erfolgten Stabilisierung des deutschen Geldwesens verminderten sich diese Schwierigkeiten, da nicht mehr mit der Entwertung der eingehenden Beträge in gleichem Maße wie bisher gerechnet werden brauchte, und da gleichzeitig von den Banken ein Weg geschaffen wurde, Gelder zeitweilig geschützt gegen Entwertung anzulegen.

Wenn am Anfang des Jahres 1924 an einzelnen Stellen nachgeprüft wurde, was durch die Anleihe an goldwertigen Anlagen hereingebracht wurde, dann wird an mancher Stelle festgestellt sein, daß die Anleihe sehr teuer war. Allerdings konnte auch an einzelnen Stellen festgestellt werden, daß die Anleihe im Vergleich zu den damit geschaffenen oder erworbenen Werten billig war. Nun müssen wir an dieser Stelle noch ein weiteres modifizierendes Moment anführen, durch welches das Anleiheergebnis in den verschiedensten Fällen zwar nicht geändert wird, wohl aber in ein anderes Licht gerückt wird. Dieses Moment ist der Papiermarktkredit, durch welchen bekanntlich in den letzten Jahren die Ergebnisse wirtschaftlicher Tätigkeit sehr stark beeinflußt wurden. Es ist einer Anzahl von Stellen, welche wertbeständige Anleihen herausgaben, gelungen, im Hinblick auf den erwarteten Anleiheerlös Papiermarktkredite in großem Umfange zu bekommen, so daß sie tatsächlich schon vor dem Einzahlungstermin über einen Teil verfügen konnten. Andererseits war auch eine Reihe von Anleihen dazu bestimmt, zur Abdeckung von größeren schwebenden Papiermarkschulden zu dienen, mit denen die geplanten Bauten in mehr oder minder großem Umfang bereits vollendet waren, so daß bei einem Vergleich einer Anleihe mit dem insgesamt realisierten Objekt das Urteil über die Anleihe ein anderes werden kann. Immerhin ist zu bedenken, daß es sich gerade bei einem Teil der „teueren Anleihen" um sehr große Summen handelte, die nicht leicht aufzubringen waren, und daß, je mehr das Jahr vorschritt, der Papiermarktkredit an Umfang verlor. Es sind auch Fälle vorgekommen, wo die Gemeinde, welche eine Anleihe ausgab, dank geeigneter Anleihevertragsbedingungen zum unfreiwilligen Kreditgeber in Papiermark für eine längere Frist geworden ist[1] und dadurch um einen großen Teil des Anleiheerlöses gebracht wurde. Man wird verstehen, daß in diesen wie auch in manchen anderen Fällen die Erinnerung an diejenigen Banken, welche zum Teil die kritischen Bedingungen durchgesetzt haben, und welche irrtümlich für den durchaus sachkundigen Berater gehalten wurden, etwas getrübt ist.

III. Die Banken als Vermittler langfristigen wertbeständigen Kredits.

Die Form, daß Gemeinden oder Gemeindeverbände nicht selbst Anleihen herausbrachten, sondern daß sie langfristigen Kredit von

---

[1] Z. B. Bernburg, siehe Industrie- und Handelszeitung Nr. 173 v. 28. Juli 1923.

Bankinstituten erhielten, welche dann ihrerseits durch Ausgabe geeigneter Anleihepapiere die erforderlichen Mittel beschafften, hat schon vor dem Kriege eine große Rolle, besonders für die Kreditbedürfnisse kleinerer Gemeinden gespielt[1]; hauptsächlich Landesbanken und Hypotheken=
banken wirkten in dieser Richtung. Bei den wertbeständigen Anleihen hat diese Form der mittelbaren Kreditbeschaffung eine erhebliche Rolle gespielt, zunächst schon deshalb, weil die Leiter verschiedener Landes=
banken besser die Situation auf dem Geldmarkt überschauten als der normale Finanzdezernent und deshalb auch eher geneigt waren, neue Wege einzuschlagen, welche die Lage auf dem Kapitalmarkt erforderte. Insbesondere war ja die staatliche Kreditanstalt Oldenburg unter ihrem verdienstvollen derzeitigen Leiter Oberfinanzrat Stein bahnbrechend für die Durchsetzung der wertbeständigen Anleihen gewesen, und es ist der intensiven Arbeit dieser Anstalt gelungen, den ganzen langfristigen Kreditbedarf des Landes wie auch der Gemeinden sowie den Real=
kreditbedarf Oldenburgs zu befriedigen, so daß andere oldenburgische Anleihen nicht herausgebracht sind. Unter den übrigen Landesbanken seien besonders die Landesbank Westfalen und die schleswig=holsteinische Landesbank genannt. Als Kreditgeber für Gemeinden und Gemeinde=
verbände traten auch die Roggenrentenbank in Berlin sowie die Landes=
kreditanstalt Hannover auf, diese beiden jedoch unter gleichen Be=
dingungen bezüglich der dinglichen Sicherheiten, wie sie für den Kredit an private Kreditnehmer gefordert wurden. Später folgte dann als Spezialbank die Süddeutsche Festwertbank, eine Gründung süddeutscher Hypothekenbanken, sowie die Gemeinschaftsgruppe deutscher Hypotheken=
banken, eine Zusammenfassung hauptsächlich mitteldeutscher Hypotheken=
banken, welche beide Goldschuldverschreibungen herausbrachten und Kredite an öffentlich=rechtliche Körperschaften oder unter Bürgschaft derselben, insbesondere zur Schaffung und zum Ausbau werbender Anlagen gaben. Die Deutsche Girozentrale und ihre Zweiganstalten, welche sich während des größten Teils des Jahres begnügt hatten, Gemeinden und Gemeindeverbände bei der Herausbringung ihrer wertbeständigen Anleihen sachgemäß zu beraten und diese Anleihen zu vertreiben, brachten im Spätherbst die Deutsche Kommunalanleihe auf Gold=, Roggen= und Kohlenbasis heraus, wofür sie die Genehmigung

---

[1] Siehe Sartorius, Die Kosten der kommunalen Kreditbeschaffung, Finanz=
archiv 1921, S. 481 ff.

bis zur Höhe von 200 Millionen Goldmark erhalten haben[1]. Auch mehrere einzelne Hypothekenbanken brachten etwa zu gleicher Zeit Kommunalschuldverschreibungen heraus.

Es sprachen wichtige sachliche Gründe dafür, nicht selbst wertbeständige Anleihen herauszubringen, sondern den Kredit solcher Bankinstitute auszunutzen. Die Gründe lagen in der Zeit sinkenden Geldwertes weniger in der Absatzmöglichkeit kleiner wertbeständiger Anleihen, sondern sie lagen einerseits im Kurs und andererseits in der Frage der vorher besprochenen spezifischen Kosten, durch welche der höhere Zinssatz, welcher eventuell an das betreffende Kreditinstitut zu leisten war, zum Teil ohne Schwierigkeit auszugleichen war. Zunächst allerdings war äußerlich kein besonderer Unterschied vorhanden; die Landesbanken verkauften ihre Anleihestücke und führten den Erlös den kreditsuchenden Stellen zu. Aber hierbei hatten die Kreditnehmer zumeist einen großen Vorteil, nämlich sie erhielten von der Bank einen Zwischenkredit, so daß sie schon früher über das Geld verfügen konnten, und sie konnten den Gesamtbetrag sukzessive erhalten[2]. Als für solche Zwischenkredite die Mittel der Banken nicht mehr ausreichten bzw. als diese Kredite sehr teuer wurden, bildete sich eine Form heraus, welche aus ganz anderen Gründen auch vorm Kriege schon eine Rolle gespielt hatte, nämlich die Kreditnehmer erhielten die Anleihestücke in natura zur eigenen Verwertung. Wesentlich war hierbei, daß die betreffende Anleihe bereits an einer Börse notiert wurde, da durch das Vorhandensein eines Kurses der Absatz auch für diejenigen Teile der Anleihe, welche etwa noch nicht an der Börse eingeführt waren, außerordentlich erleichtert wurde und der Kurs für solche Anleihen zum Teil erheblich besser war. Der Kreditnehmer war nun des ganzen großen Risikos der Umlegung des Anleihebetrages in eine Zwischenanlage enthoben. Er veräußerte die ihm übergebenen Anleihestücke in dem Maße und zu dem Zeitpunkt, zu welchem er das Geld gebrauchte. Vorübergehende Schwankungen der Kurskonstellation betrafen ihn nur in dem Umfange, als er gerade einen kleinen Teil der Papiere in solchem Zeitpunkt veräußerte. Es war auch vielfach möglich, direkt Zahlungen in solchen Anleihestücken zu bewirken und dabei sogar günstigere Preise für die zu kaufenden Materialien bewilligt zu erhalten. Solche erschreckenden Schläge, wie

---

[1] Ministerialblatt für die Preußische Innere Verwaltung, Jahrg. 1924, Nr. 3, S. 51.

[2] Nach verschiedenen persönlichen Mitteilungen.

sie bei Ausgabe eigener Anleihen erlitten sind, sind bei der Ausnutzung des Kredits einer geeigneten Bank anscheinend nicht vorgekommen.

In ein neues Stadium trat die Frage der mittelbaren Kreditbeschaffung für die öffentlichen Körperschaften nach der im November 1923 erfolgten Stabilisierung. Wie weiter unten darzulegen sein wird, wurde es unmöglich, die bisherige Festsetzung der Emissionskurse aufrechtzuerhalten; beispielsweise war es völlig unmöglich, zum jeweiligen Roggenpreis etwa von Dezember ab noch neue Roggenwertanleihen unterzubringen, man hätte schließlich auf 50—60% dieses Preises heruntergehen müssen, und die ausdrückliche Benennung eines solchen Emissionskurses ist zweifellos fatal. Es war in diesem Falle erheblich angenehmer, an einen vorhandenen Börsenkurs für eine gleiche Anleihe anknüpfen zu können, was bei den genannten Bankinstituten insofern gegeben war, als die in Frage stehenden Anleihen bereits an der Börse notiert wurden. Es kam hinzu, daß nach der Stabilisierung für den Anleiheschuldner ein neues Risiko aufgetaucht war, das man als „Börsenkursrisiko" bezeichnen kann. Die Kurse stehen weit unter Pari, die Kursbewegung für die nächsten Wochen erscheint sehr schwer im voraus bestimmbar, die Möglichkeiten für Kursbewegungen sind zweifellos recht groß. Es ist in solchem Falle zweifellos vorsichtiger, die Anleihebeträge jeweils nach eigenem Bedarf zu veräußern, anstatt einen größeren Anleihebetrag, der die Bedürfnisse eines längeren Zeitraums decken soll, auf einmal zum Verkauf zu stellen; der erste Weg erscheint bei der Ausgabe einer eigenen neuen Anleihe kaum gangbar, da der Absatz im geeigneten Moment zweifelhaft ist, während der jeweilige Absatz erheblich besser gesichert ist, wenn es sich hierbei um kleinere Teilbeträge einer großen, bereits börsengängigen Anleihe handelt. Außerdem erscheint die Wahrscheinlichkeit, zu einem niedrigen Kurse Anleihebeträge zwecks Tilgung der Schuld zurückkaufen zu können, größer im Falle der mittelbaren Kreditbeschaffung, weil die Umsätze in einem solchen Papier entsprechend der Größe der gesamten Anleihe größer zu sein pflegen als bei einer kleineren Anleihe einer einzelnen Gemeinde und daher Rückkäufe einzelner Schuldner den Kurs weniger beeinflussen. Gegenüber den genannten Vorteilen sind selbstverständlich die Verwaltungskostenbeiträge bzw. die Risikoprämie, welche das in Frage stehende Kreditinstitut fordert, zu berücksichtigen; ein Vergleich mit den verschiedenen Kostenbeträgen, welche die Verwaltung einer eigenen Anleihe einer öffentlichen Körperschaft bringen würde, läßt sich heute noch nicht geben, ganz besonders nicht in Hinblick auf die Kosten, welche durch die kleine Stückelung der Anleihen hervorgerufen werden.

Wir hatten oben festgestellt, daß einer wertbeständigen Anleihe wertbeständige Einnahmen entsprechen sollen. Im Falle der hier behandelten mittelbaren Kreditbeschaffung ist die Anleihe des Kreditinstituts zunächst gedeckt durch gleichartige Forderungen gegen diejenigen Stellen, welche den entsprechenden Kredit der Bank in Anspruch nehmen, nämlich in der Hauptsache gegen landwirtschaftliche Kreditnehmer und gegen öffentliche Körperschaften. Man könnte nun die Frage aufwerfen, ob im Falle dieses mittelbaren Kredits die Deckung für die Schuldverpflichtungen der öffentlichen Körperschaften auch in gleicher Weise gegeben ist wie im Falle eigener Anleihen derselben, was wir oben vorwiegend untersucht haben, oder ob in diesem Falle etwa die Kreditwürdigkeit der in Frage stehenden öffentlichen Körperschaften weniger scharf geprüft ist. Man kann hierauf antworten, daß die Wahrscheinlichkeit dafür spricht, daß die Kreditwürdigkeit mit ebenso strengen Maßstäben geprüft ist. Einerseits spricht dafür, daß die Kreditinstitute aus eigenem Interesse darauf angewiesen sind, eine scharfe Prüfung ihrer Anleiheschuldner vorzunehmen, andererseits spricht dafür, daß auch solche Anleihen der Genehmigung bedürfen, und daß eine gewisse Gleichartigkeit der Gesichtspunkte, unter welchen die Genehmigung erteilt wird, sich bei den verschiedenen Genehmigungsinstanzen innerhalb eines Landes auszubilden pflegt [1].

IV. Die Unterbringung und Kursgestaltung der wertbeständigen Anleihen.

Als die ersten wertbeständigen Anleihen an den Markt kamen, waren sie eine völlig neue Erscheinung. Man könnte daher denken, daß sie sich nur langsam und mit Mühe ihr Absatzfeld erobert hätten. Aber tatsächlich ging es ganz anders vor sich. Als kurz nacheinander die oldenburgischen Roggenanweisungen, die Roggenrentenbriefe und die mecklenburgische Roggenwertanleihe an den Markt kamen, war durch geeignete Diskussion der ganzen Frage in den Tageszeitungen, Fachschriften und in landwirtschaftlichen Verbänden der Boden so vortrefflich vorbereitet, daß diese Papiere glatt untergebracht wurden. Sie kamen auch anscheinend gleich in die richtige Hand, d. h. sie wurden nicht zu Spekulationszwecken, sondern zu Anlagezwecken übernommen, wenigstens ist dies

---

[1] Nach persönlichen Mitteilungen.

daraus zu schließen, daß die Umsätze in diesen Papieren in den ersten Monaten nach der Ausgabe nur gering waren [1]. Anders war der Vorgang bei den bald danach herauskommenden Kohlenanleihen. Zwar wurden diese auch glatt abgesetzt, aber besonders die Badenwerk-Anleihe scheint stark in die Hände der Spekulation gekommen zu sein, welche in der Zeit der Marktstabilisierung Februar bis April mit einem bringenden Angebot an den Markt kam, so daß der Kurs zeitweilig erheblichen Schwankungen unterworfen war [1], und so daß die weiteren Kohlenanleihen, nämlich die Breslauer, die Spandauer und die westfälische, schleppend abgingen. Man kann diesen Stellen allerdings auch nicht den Vorwurf ersparen, daß sie ihre Propaganda vor allem nur in den Banken betrieben, und daß sie in ihren Publikationen wesentliche Momente, welche für die Beurteilung der Anleihen wichtig waren, nicht zur Geltung brachten [2]. Die Goldanleihen der Rhein-Main-Donau-A.-G. wie auch der Neckar-A.-G., welche der erstgenannten bald folgte, also die ersten normalen Anleihen auf Goldwertbasis [3], wurden ebenfalls glatt untergebracht, wobei die vorzügliche Propaganda mitgewirkt haben mag; hierbei ist besonders zu erwähnen, daß die Zeichnung der Rhein-Main-Donau-A.-G.-Goldanleihe noch in die Zeit der Marktstabilisierung fiel.

Im Laufe des Sommers war die Aufnahme zum Teil stürmisch, zum Teil ruhig. Stürmisch war die Aufnahme in all den Fällen, wo die Emissionskurse infolge der gewählten Form ihrer Berechnung weit unter Pari lagen; am auffälligsten wohl bei der Berliner Roggenwertanleihe, bei der von 100facher Überzeichnung gesprochen wird. Im übrigen wurden die Anleihen gut untergebracht, wenigstens ist über Anleihemißerfolge nichts bekannt geworden; auch kleinere Anleihen wurden erfolgreich untergebracht. Die Reichsgoldanleihe brachte in den ersten vier Wochen der Zeichnung 75 Millionen Goldmark [4], wodurch die Höchstgrenze von 500 Millionen Goldmark noch nicht annähernd erreicht war. Erst im weiteren Ablauf der Geldentwertung, als die Goldanleihe sich als wertbeständiges Ersatzgeld einbürgerte bzw. als Deckung für Notgeld

---

[1] Nach Mitteilungen verschiedener Banken.

[2] Vgl. Aufsatz des Verfassers: Die Kommunen als Wecker des Sparsinns, Dtsch. Allg. Ztg. Nr. 234/35, 25. Mai 1923.

[3] Wegen der deutschen Dollarschatzanweisungsanleihe, für welche infolge des Zwangs zur Einzahlung in Devisen besondere Verhältnisse bestanden, siehe unten.

[4] Vorwärts Nr. 433 vom 16. November 1923.

bestimmt wurde, wurde die Nachfrage stürmisch, ohne daß ihr in ausreichendem Maße entsprochen werden konnte. In den letzten Wochen der Marktkatastrophe wird das wenige Material an wertbeständigen Anleihen, das noch gegen Papiermarkeinzahlung ausgegeben wird, schon bei der Ausgabe vielfach weit über Kurs abgenommen[1]. Nach der im November 1923 erfolgten Marktstabilisierung hingegen wurde die Unterbringung von neuen Anleihen sehr schwierig, wenn man nicht sagen will: auf Wochen zunächst aussichtslos.

Schwierig war die Lage in den Fällen, wo Einzahlung in Devisen verlangt wurde, in der Hauptsache also bei der deutschen Dollarschatzanweisungsanleihe. Das erste Zeichnungsergebnis derselben belief sich auf 12½ Millionen Dollar[2], erreichte also bei weitem nicht die 200 Millionen Goldmark, die das Reich verlangte, von denen die Banken die Hälfte fest übernommen hatten. Durch geeignete Einwirkung auf devisenbesitzende Kreise wurde erst allmählich die ganze Anleihe untergebracht. Bei der Hamburger Pfundanleihe wurde später, als die Zeichnung gegen Papiermark gesperrt war, zeitweilig ein großer Erfolg hinsichtlich Zeichnung gegen Devisen erzielt. Jedoch beruht dieser Erfolg durchaus darauf, daß dadurch den Devisenbesitzern eine bessere Verwertung ihrer Devisen in der Zeit der Niedrighaltung der nominellen Devisenkurse ermöglicht wurde; man zeichnete Hamburger Pfundanleihe gegen Devisen und veräußerte die Pfundanleihe sodann gegen Papiermark, und zwar zu einem Kurs, der sich dem Weltmarktkurs fürs Pfund annäherte und den amtlichen deutschen Kurs weit überstieg[3].

Im Ausland haben die deutschen wertbeständigen Anleihen nur schwache Aufnahme gefunden. Wenn vorher einige Papiermarkanleihen im Ausland gezeichnet wurden, dann war das für die ausländischen Zeichner eine Spekulation in der deutschen Mark. Bei den wertbeständigen Anleihen, die bei einem eventuellen Steigen des Wertes der deutschen Mark voraussichtlich sinken mußten, lag dieses spekulative Interesse nicht vor. Hinzu kam, daß der Zinssatz von 5—6%, mit welchem die wertbeständigen Anleihen ausgestattet waren, viel zu niedrig war, um dem Ausland einen Anreiz zu bieten. Es ist ja nur zu bedenken, daß auf ausländischen Kapitalmärkten ganz erstklassige Anlagepapiere mit

---

[1] Nach vielfachen persönlichen Mitteilungen.
[2] Deutsche Allg. Zeitung, Reichsausg. Nr. 178 vom 19. April 1923.
[3] Staatsrat Lippmann auf der Hamburger Tagung des Vereins für Kommunalwirtschaft und Kommunalpolitik, 13. Dezember 1923.

höherer Verzinsung vorhanden sind, welche kaum den Paristand erreichen[1]. Den größten Erfolg hinsichtlich der Hereinbringung ausländischer Zeichnungen hat nach allgemeiner Ansicht Hamburg bei seiner Pfundanleihe gehabt; jedoch sollen auch diese Zeichnungen, wie Staatsrat Lippmann auf der Hamburger Tagung des Vereins für Kommunalwirtschaft und Kommunalpolitik mitteilte, zum großen Teil von solchen Leuten stammen, welche in persönlicher Beziehung zu Hamburg stehen.

Gehen wir nunmehr zu der Frage über, wie sich der Kurs der wertbeständigen Anleihen in der bisherigen Zeit gestaltet hat. Eine einfache Darstellung der Kurse einzelner Anleihen in Papiermark vermag uns keinen irgendwelchen Aufschluß zu geben, da durch die Geldentwertung ständig wechselnde Ziffern erscheinen, deren Bedeutung nicht ohne weiteres erkannt werden kann. Durch geeignete Bearbeitung müssen die Ziffern erst für das Verständnis aufgeschlossen werden. Im nachfolgenden soll zunächst die Bearbeitung durch das Statistische Reichsamt[2] zugrunde gelegt werden.

Das Statistische Reichsamt stellt die Kurse der wertbeständigen Anleihen in der Weise dar, daß die einzelnen Tageskurse mit dem jeweiligen Dollarstand auf Goldmark gebracht und diese mit dem Jahresdurchschnittspreis 1913 des der Anleihe zugrunde liegenden Sachwertes verglichen wurden. Danach läßt sich die Kursbewegung in Goldprozenten des Vorkriegswertes des zugrunde liegenden Faktors darstellen, und es ergeben sich dann folgende Tabellen[3]: (siehe Seite 53).

Zunächst einige kritische Bemerkungen: Es fehlen die zwei wichtigsten Goldanleihen, nämlich die Dollarschatzanweisungsanleihe und die Goldanleihe des Deutschen Reichs, und zwar mit Recht. Denn in beiden Papieren hat eine freie Kursbildung nicht stattfinden können, da sie einen Zwangskurs erhielten, und ferner haben sie zum Teil überhaupt den Charakter der Anleihe verloren, indem sie als Ersatzgeld benutzt wurden. Immerhin wird vergleichsweise an geeigneten Stellen auf ihre Kursbewegung einzugehen sein. Über ihre Kursbewegung kann

---

[1] Direktor der Deutschen Girozentrale Stadtrat a. D. Jursch verlangte auf der Hamburger Tagung des Vereins für Kommunalwirtschaft und Kommunalpolitik 7—8 %ige Verzinsung, um überhaupt irgendwelche Teile der Anleihen im Ausland unterbringen zu können.

[2] Wirtschaft und Statistik 1924, S. 90 ff.

[3] Wirtschaft und Statistik 1924, S. 92.

Die wertbeständigen Anleihen in finanzwirtschaftlicher Betrachtung. 53

Kursbewegung der Roggenwertanleihen März 1923 bis Januar 1924. (Vorkriegsgoldwert[1] = 100.)

Tabelle 1.

Bezeichnung	März	April	Mai	Juni	Juli	August	Sept.	Okt.	Nov.	Dez.	Jan.
5%ige Pfandbriefe der Roggenrentenbank	91,37	100,84	79,12	81,86	151,71	65,51	89,36	88,26	295,71	76,09	57,90
5%ige Mecklenburg-Schweriner Roggenanleihe I	—	90,32	74,98	82,40	162,49	74,73	—	—	—	80,72	59,53
5%ige Roggenpfandbriefe Sächsische Karlschaft	—	—	—	—	147,52	54,86	80,85	73,65	220,14	70,23	55,00
5%ige Landschaft Zentral-Roggenpfandbriefe	—	—	—	—	164,55	58,57	87,28	80,12	243,07	74,71	54,30
6%ige Inhalter Roggenwertanleihe	—	—	—	—	—	57,26	87,77	85,43	248,64	83,86	63,09
5%ige Preußische Roggenwertanleihe	—	—	—	—	—	—	86,17	75,47	319,94	92,74	66,61
5%ige Mecklenburg-Schweriner Roggenanleihe II	—	—	—	—	151,95	70,28	111,28	78,18	349,50	80,73	59,53
6%ige Thüringer-evangelische-Kirche-Roggenanleihe	—	—	—	—	—	—	77,70	76,88	219,80	65,81	61,21
7%ige Evangelische-Landeskirche-Anhalt-Roggenanleihe	—	—	—	—	—	—	79,88	76,32	176,65	—	59,61
Oldenburger Roggenanweisungen	—	—	—	—	—	—	—	63,97	288,37	79,54	70,57
5%ige Preußische Zentral-Boden-Kredit-Roggenpfandbriefe	—	—	—	—	—	—	—	82,45	260,48	71,00	51,23
5%ige Berliner Roggenwertanleihe	—	—	—	—	—	—	—	72,02	263,72	75,09	61,58
5%ige Schlesische Landschaft-Roggenpfandbriefe	—	—	—	—	—	—	—	77,26	278,75	85,10	59,11
5%ige Kur- und Neumarl-Roggenpfandbriefe	—	—	—	—	—	—	—	—	239,55	71,34	51,90
5%ige Preußische Zentralboden-Komm.-Schuldverschreibungen	—	—	—	—	—	—	—	—	211,36	66,08	48,22
Durchschnitt	91,37	95,58	77,05	82,13	155,64	63,53	87,54	77,50	258,26	76,65	58,63

[1] Roggenvorkriegspreis 8,22 Mt. (50 kg).

Kursbewegung von Festwertanleihen.
(Vorkriegsgoldwert = 100.)
Tabelle 2.

Bezeichnung	Vorkriegs- goldwert Mark	1923				1924
		Sept.	Okt.	Nov.	Dez.	Januar
a) Gold und Dollar						
5%ige Preußische Boden- kredit-Komm.	2,79	—	87,81	259,79	62,56	56,12
5%ige Frankfurter Pfand- briefbank	2,79	—	—	—	65,99	60,61
5%ige Meininger Hypothe- kenbank	2,79	—	—	—	60,93	58,24
5%ige Berliner Hypotheken- bank	2,79	—	—	—	66,47	65,62
5%ige Norddeutsche Grund- kreditbank	2,79	—	—	—	68,26	61,99
5%ige Schlesische Bodenkre- ditbank	2,79	—	—	—	71,36	61,91
5%ige Westdeutsche Boden- kreditbank	2,79	—	—	—	66,64	62,56
5%ige Leipziger Hypotheken- bank	2,79	—	—	—	68,91	63,71
5%ige Preußische Zentral- bodenkredit	1,00	—	—	—	63,60	63,73
6%ige Zuckerkreditbank	4,20	—	—	—	98,91	76,95
5%ige Rhein-Main-Donau	4,20	—	—	—	77,09	61,64
5%ige Neckar	4,20	—	—	—	51,69	55,53
Durchschnitt	—	—	87,81	259,79	68,53	62,38

Kursbewegung von Festwertanleihen.
(Vorkriegsgoldwert = 100.)
Tabelle 3.

Bezeichnung	Vorkriegs- goldwert Mark	1923				1924
		Sept.	Okt.	Nov.	Dez.	Januar
b) Kohle						
5%ige Westfälische Provinz	12,00	178,44	165,61	646,87	162,61	107,77
5%ige Elektr. Zweckverband Mitteldeutschland	2,50	194,80	126,57	686,36	127,64	126,65
5%ige Badische Landes- Elektrizität	13,75	177,93	149,78	538,02	136,20	97,39
5%ige Sächsische 1—2	2,20	203,71	133,15	670,88	157,27	117,87
5%ige Sächsische 3	2,20	233,11	130,03	733,14	160,86	119,63
6%ige Breslau	17,10	—	74,39	281,44	74,85	70,84
5%ige Großkraftwerk Han- nover	14,25	—	100,78	545,66	120,10	93,33
5%ige Ostpreußen	13,70	—	—	375,37	86,26	58,84
Durchschnitt	—	197,60	125,76	559,72	128,22	99,04

Die wertbeständigen Anleihen in finanzwirtschaftlicher Betrachtung. 55

(Vorkriegsgoldwert = 100.)

Tabelle 4.

Bezeichnung	Vorkriegs-goldwert Mark	1923				1924
		Sept.	Okt.	Nov.	Dez.	Januar
c) Kali 5%ige Preußen	6,20	80,61	85,80	277,57	87,61	53,26

Kursbewegung von Festwertanleihen.

Tabelle 5.

Monatsdurchschnitt	Roggen	Gold	Kohle	Kali	Durch-schnitt	Zahl der Papiere
1923						
März	91,37	—	—	—	91,37	1
April	95,58	—	—	—	95,58	2
Mai	77,05	—	—	—	77,05	2
Juni	82,13	—	—	—	82,13	2
Juli	155,64	—	—	—	155,64	5
August	63,53	—	—	—	63,53	6
September	87,54	—	197,60	80,61	126,35	14
Oktober	77,50	87,81	125,76	85,80	104,00	21
November	258,26	259,79	559,72	277,57	359,62	24
Dezember	76,65	68,53	128,22	87,61	85,97	35
1924						
Januar	58,63	62,38	99,04	53,26	68,72	36

hier so viel gesagt werden, daß beide Papiere nach anfänglichen Schwankungen bald die Dollarparität erreichten, daß die Dollarschatzanweisungen diese Parität überstiegen und einen Zwangskurs wenige Punkte über Dollarparität erhielten, daß aber das Angebot nur ganz gering war und regelmäßig bis Ende Februar hinter der Nachfrage zurückblieb. Die Goldanleihe wurde nach Erreichung der Dollarparität auf diesem Kurs festgehalten, das Angebot blieb vielfach hinter der Nachfrage zurück, doch war es ausreichend, um größere Umsätze zu ermöglichen.

Wir sehen aus den ersten vier Tabellen, daß von Monat zu Monat eine wachsende Zahl von Anleihen der Durchschnittsberechnung zugrunde gelegt wird. Es besteht danach die Gefahr, daß durch das Hinzukommen neuer Anleihen das Bild der Kursentwicklung in den Durchschnittszahlen verschoben wird. Wir müssen feststellen, daß bei den Roggenanleihen der Durchschnitt der Monate November 1923 bis Januar 1924 um einige Prozent niedriger erscheint infolge Hinzukommens der Kur- und Neumärkischen Roggenpfandbriefe und der Kommunalschuldverschreibungen der Preußischen Zentralbodenkredit-A.-G.; das gleiche Bild auch hinsichtlich der Kohlenanleihen, bei denen die Durchschnittsziffer durch Hinzukommen der Breslauer und Ostpreußen-Anleihe in den späteren Monaten zu niedrig erscheint. Der Gesamtcharakter der Kursbewegung wird in beiden Fällen jedoch nicht geändert.

Wir müssen nun einen wichtigen Punkt beachten. Die obigen Tabellen berücksichtigen die Relation der jeweiligen Kurse zum Friedenspreis des Faktors. Dies ermöglicht uns zweifellos, einige wichtige Schlüsse zu ziehen, aber ohne Berücksichtigung dieser Relation immer nur über Veränderungen des Goldwertes der Anleihen von einem Monat zum andern; z. B. können wir sagen, daß im Monat Juli die Kurse in Goldprozent höher waren als im Monat April. Wir können im übrigen sagen, der Kurs der Roggenpapiere ist im Monat Juni 82,13% des Vorkriegsgoldpreises des Roggens. Aber wir sagen damit nicht etwa dasselbe, wie wenn man vor dem Kriege sagte, daß eine Obligation 82,13% stand. Damals bedeutete es, daß der gegenwärtige Kursstand 82,13% derjenigen Summe ausmachte, auf welche das betreffende Papier lautete, und deren Höhe auch die Höhe der sämtlichen durch dieses Papier verbrieften Verpflichtungen bestimmte. Eine solche festbestimmbare Summe gibt es ja aber bei den wertbeständigen Anleihen nicht, sie lauten ja beispielsweise auf den Geldwert von einem Zentner Roggen, und der Geldwert des Zentners Roggen bestimmt ja auch die Höhe der sämtlichen durch das Papier verbrieften Verpflichtungen. Dadurch entsteht die Frage: Mit welchem Wert des Zentners Roggen sollen wir den Kursstand einer solchen Anleihe vergleichen? Welcher Wert des Roggens oder, praktisch ausgedrückt, welcher Preis des Zentners Roggen spielt für die Bewertung des Papiers dieselbe Rolle wie die genannte feste Summe? Etwa der im Augenblick der Bewertung des Papiers geltende Roggenpreis? An sich beeinflußt er direkt höchstens nur die Höhe der nächsten Zinszahlungen und eventuell nächsten Tilgungsbeträge, nicht aber die späteren Zinszahlungen und Tilgungsbeträge; aber es ist eine bekannte psychologische Tatsache, daß ein gegenwärtig herrschender Zustand, also auch ein gegenwärtiger Preis, sehr stark darauf einwirkt, was man in der Zukunft erwartet. Andererseits spielt ja aber in unserer Zeit stark schwankender Verhältnisse der Vorkriegspreis als der ruhende Pol in der Preiserscheinungen Flucht eine große Rolle für die Erwartungen, welche hinsichtlich der zukünftigen Preisentwicklung gehegt werden. Aber schließlich existiert offensichtlich bei verschiedenen Gütern auch die Meinung, daß infolge irgendwelcher Vorkommnisse der Vorkriegspreis für die Zukunft zu hoch oder zu niedrig ist; solche Modifizierungen hinsichtlich der Einschätzungen des Vorkriegspreises müßten möglichst berücksichtigt werden. Wir können uns danach nicht einfach mit der Relation zum Vorkriegspreis, wie sie in der obigen Tabelle ausgedrückt ist, begnügen. Wir müssen vielmehr versuchen, festzustellen, wie sich der Kursstand der wertbeständigen Anleihen zum jeweiligen Preis des Faktors verhält, und mit welchen Modifizierungen gegenüber dem Vorkriegsstand hinsichtlich der Preisentwicklung gerechnet wird.

Nun finden wir die Lage glücklicherweise sehr einfach bei den Goldanleihen. Der Vorkriegsstand von 10/42 U.-S.-Dollar war gleich einer Goldmark, und wir definieren ja auch heute wieder eine Goldmark gleich 10/42 U.-S.-Dollar, so daß eine Differenz zwischen dem Vorkriegspreis des Dollars und jeweiligem Preis nicht besteht. Da der Preis des Feingoldes in Dollars nur unwesentlichen Schwankungen unterworfen ist, gilt praktisch dasselbe vom Feingold. Für die Goldanleihen können wir demnach sagen, daß der in obiger Tabelle für den Kurs angegebene Prozentsatz tatsächlich ganz allgemein den Prozentsatz von der Summe angibt, auf welchen das Anleihestück lautet.

Schwieriger wird die Frage bei den Roggenanleihen. Wir führten oben bereits aus, daß der tatsächliche Preis des Zentners Roggen im Jahre 1923 erhebliche Schwankungen durchgemacht hat. Zum Vergleich der Kursbewegung der Roggenwertanleihen mit dem tatsächlichen Roggenpreis sollen nun in nachfolgender Tabelle den durch Vergleich mit dem Vorkriegswert in Goldprozent errechneten Kursziffern der wertbeständigen Anleihen die ebenso errechneten Preisziffern für den märkischen Roggen gegenübergestellt werden und danach die Prozentziffern errechnet werden, welche das Verhältnis der Kurshöhe der Anleihen zur jeweiligen Preishöhe des Zentners Roggen angeben:

Siehe Tabelle 6.

Diese Ziffern werden bei den folgenden Untersuchungen zu berücksichtigen sein. Ob außerdem hinsichtlich der Preiserwartungen für die Zukunft noch Modifizierungen gegenüber dem Vorkriegsstand vorzunehmen sind, diese Frage ist zu verneinen; und zwar ist der Roggen ein Gut, für dessen Preis der Auslandspreis in hohem Maße bestimmend ist, und dieser Auslandspreis ist allerdings mit Ausnahme zeitweiliger

Tabelle 6.

Monat	Kursziffer der Roggenanleihen im Verhältnis zum Vorkriegswert des Roggens	Preis für 1 Zentner Märkischen Roggens im Verhältnis zum Vorkriegswert[1]	Kursziffer der Roggenanleihen im Verhältnis zum gleichzeitigen Roggenpreis
1923			
März	91,37	90,4	101,1
April	95,58	97,6	97,9
Mai	77,05	81,5	94,5
Juni	82,13	71,7	114,6
Juli	155,64	105,7	147,2
August	63,53	59,9	106,1
September	87,54	70,9	123,5
Oktober	77,50	78,0	99,4
November	258,26	110,5	233,7
Dezember	76,65	91,0	84,2
1924			
Januar	58,63	85,2	68,8

Schwankungen höher als in der Vorkriegszeit. Jedoch wird diese Differenz durch Wegfall der deutschen Einfuhrzölle hinsichtlich der Wirkung auf den deutschen Preis aufgehoben.

Für die Kohlen- und Kalianleihen können wir eine gleiche Tabelle nicht aufstellen, denn wir können für Kohle und Kali einen brauchbaren Monatsdurchschnitt nicht berechnen, solange die Preise noch in Papiermark festgesetzt waren. Infolge der Geldentwertung sanken z. B. die Kohlengoldmarkpreise während der Geltung eines gleichbleibenden Papiermarkpreises ganz enorm. Aber der niedrige Preis kann gar nicht berücksichtigt werden, da es nicht möglich war, nun auch tatsächlich auf dieser niedrigen Basis Käufe zu tätigen. Wir wollen statt der Aufstellung von Durchschnittsziffern deshalb nur einige markante Ziffern bezüglich der Kohlenpreise aufsuchen. Der Syndikatspreis für westfälische Fettflammnuß IV einschließlich Steuer, welcher beispielsweise der Badenwerk-Anleihe zugrunde gelegt ist, und dessen Vorkriegsgoldwert 13,75 Mk. betrug, erreichte folgende Ziffern: 1. April 1923 wurde er auf zirka 30 Goldmark[2] festgesetzt, 16. Mai: zirka 18 G.-Mk., 25. Juni: zirka 25 G.-Mk., 17. Juli: zirka 30 G.-Mk., 20. August: zirka 45 G.-Mk.,

---

[1] Berechnet auf Grund der Preisangaben für märkischen Roggen, Sonderbeilage der Deutschen Allg. Zeitung vom 1. Januar 1924, für Dezember 1923 und Januar 1924 auf Grund der täglichen Notierungen.

[2] Bis 17. September wird der Preis in einer Papiermarksumme, nachher in Goldmark vom Syndikat festgesetzt.

Die wertbeständigen Anleihen in finanzwirtschaftlicher Betrachtung. 59

17. Sept.: 36,66 G.=Mk., 24. Sept.: 50,21 G.=Mk., 15. Okt.: 32,54 G.=Mk., 18. Dez.: 26,90 G.=Mk.

Stellen wir nun noch einigen von den in der Tabelle des Statistischen Reichsamts berücksichtigten Vorkriegskohlenpreisen, denen gegenüber die Kohlenanleihen im Januar 1924 einen Kursstand von 99,04 % aufwiesen, die im Januar 1924 geltenden Syndikatspreise gegenüber:

Tabelle 7.

Kohlenwert der Anleihe[1]	Vorkriegsgoldwert für die Tonne	Goldmarkpreis Januar 1924 für die Tonne
5%ige Westfälische Provinz	12,00	20,60
5%ige Elektrischer Zweckverband Mitteldeutschland	2,50	5,45
5%ige Badische Landes=Elektrizität	13,75	26,90
6%ige Breslau	17,10	25,80
5%ige Großkraftwerke Hannover	14,25	28,00
5%ige Ostpreußen	13,70	18,80

Wir haben im Januar 1924 also wesentlich höhere Ziffern als den Vorkriegspreis. Wir müssen außerdem berücksichtigen, daß doch wohl auch für die Zukunft mit höheren Kohlenpreisen als vorm Kriege gerechnet wird schon im Hinblick auf den Preis für ausländische Kohle; so kostete Durham=Gaskohle im Sommer 1922, also unter verhältnismäßig normalen Umständen, an der deutschen Seeküste (Lübeck) zirka 60 % mehr, infolge der Ruhrbesetzung dann zeitweilig 150 % mehr, und dann weiterhin bis Ende Januar 1924 zirka 75 % mehr als vor dem Kriege[2].

Betrachten wir nun einmal die Zusammenhänge des Anleihekurses mit dem jeweiligen Preis des Faktors. Das Ziffernmaterial läßt den Schluß zu, daß solche Zusammenhänge offensichtlich bestehen. Ganz besonders deutlich wird das an den Kursen der Roggen= und Kohlenanleihen der letzten Monate beim Vergleich mit dem Kurs der Goldanleihen, für welche ja ein Unterschied zwischen jeweiligem und Vorkriegspreis des Faktors nicht besteht. Während der Roggenpreis im Januar 1924 unter die Friedensparität sinkt, sinkt auch der Kursstand

---

[1] Ohne Berücksichtigung der Sächsischen Anleihen wegen der bei diesen vorliegenden besonderen Verhältnisse.

[2] Nach persönlichen Aktenermittlungen. Für Kali sollen die entsprechenden Untersuchungen nicht angestellt werden, da sich insbesondere hinsichtlich der Preiserwartung keine irgendwie befriedigende Antwort geben läßt.

der Roggenwertanleihen in Prozent des Vorkriegspreises des Faktors unter den Stand der Goldanleihen; hingegen stehen die Kohlenanleihen in Prozent des Vorkriegspreises des Faktors über dem Stand der Goldanleihen entsprechend dem höheren jeweiligen Preis des Faktors. Auch bei einzelnen Anleihen ist dies ersichtlich: unter den Kohlenanleihen stehen in Prozent des Vorkriegspreises des Faktors am niedrigsten die Breslauer und Ostpreußen-Anleihe, deren Faktoren gegenüber dem Vorkriegspreis erheblich geringere Steigerungen aufweisen als die Faktoren der übrigen Kohlenanleihen. Wir sehen jedoch andererseits, daß der jeweilige Preisstand des Faktors den Stand der Anleihen nicht unbedingt beherrscht; die Abweichungen der Kursbewegungen der Roggen- und Kohlenanleihen von der Kursbewegung der Goldanleihen entsprechen nicht in vollem Maße den Abweichungen des jeweiligen Preises des Faktors vom Vorkriegsgoldwert.

Suchen wir nun aus dem Ziffernmaterial selbst weitere Schlüsse zu ziehen. Wir sehen zunächst auf Grund der Tabelle des Statistischen Reichsamts folgende allgemeine Bewegung: Im März/April wird die Parität fast erreicht. Nach kleinen Rückschlägen in den Monaten Mai und Juni wird im Juli erstmalig ein Höhepunkt erreicht. Nach neuen Rückschlägen im August, September und Oktober wird im November eine fabelhafte Kurshöhe erreicht, nach der jedoch im Dezember und Januar ein scharfer Kursabstieg einsetzt bis weit unter das Niveau der Frühjahrsmonate. Das Ziffernmaterial ist insofern unvollständig, als für die ersten Monate nur die Bewegung der Roggenpapiere zugrunde gelegt ist. Aber wir können es in einigen Punkten ergänzen. Im April wurde die Rhein-Main-Donau-Goldanleihe zu 95% ausgegeben, dieselbe wurde sodann im Freiverkehr gehandelt, und zwar zunächst mit einem Abschlag gegenüber der Dollarparität. Im Juli wurde die Parität überschritten, im August setzte wieder ein Rückschlag ein. Wir haben also die gleiche Bewegung wie bei Roggenanleihen. Bei den Kohlenanleihen lassen sich für die Badenwerk-Anleihe einige frühere Ziffern geben, nämlich: Im April war der Kurs etwa 100% des Vorkriegsgoldpreises der zugrunde gelegten Kohlenart[1], im Juli überschritt der Freiverkehrswert 200%, ging im August sodann wieder etwas zurück; die folgenden Monate sind in der Tabelle enthalten; also auch hier eine ähnliche Bewegung, insbesondere hinsichtlich der

---

[1] Nach eigenen Feststellungen.

Kurshöhe im Juli. Berücksichtigen wir nun außer dem Verhältnis zum Vorkriegsgoldpreis auch das Verhältnis zum Preis des Faktors. Für die Goldanleihen ergibt sich, wie ausgeführt, keine Änderung. Für die Roggenanleihen zeigt unsere Tabelle, welche den jeweiligen Preis des Roggens berücksichtigt, fast genau dasselbe Bild wie beim Vergleich mit dem Vorkriegswert, nur mit dem Unterschied, daß fast alle Schwankungen an Stärke verlieren, unter anderem, daß der Absturz für Januar 1924 nicht so schroff wird wie auf der Tabelle I. Hinsichtlich der Kohlenanleihen sehen wir, daß die Kursziffern der Tabelle mit Ausnahme des Novembers noch keineswegs die Steigerung erreichen, welche der jeweilige Kohlenpreis im Verhältnis zum Vorkriegsgoldpreis erreicht hat; im letzten Monat bleibt dann der Kursstand der Kohlenanleihen weit hinter dem gleichzeitigen Kohlenpreis zurück.

Wie sind diese Bewegungen zu erklären? Zunächst die zwei Höhepunkte. Im Juli und November wurden die Devisenkurse bekanntlich künstlich niedrig gehalten; alle übrigen Kurse hatten jedoch die Tendenz, sich der Weltmarktparität des Dollars anzupassen. In der kritischen Zeit des Novembers kam hinzu, daß die Marktkatastrophe zu einer wahnsinnigen Marktflucht führte, bei welcher alle Preise und Kurse maßlos übersteigert wurden. Die gleichen Höhepunkte wie bei den wertbeständigen Anleihen finden wir auch beim Aktienindex [1]:

1923: März	. .	6,66	1923: September	22,56
April	. .	8,61	Oktober	. 28,47
Mai	. .	8,38	November	39,36
Juni	. .	13,44	Dezember	26,89
Juli	. .	16,03	1924: Januar	. 35,76
August	.	11,22		

Wir wollen hierbei die Frage offen lassen, ob die Übersteigerung der wertbeständigen Anleihen im November tatsächlich so erheblich stärker war als die der Aktien, oder ob sich die scheinbaren Unterschiede nicht vielmehr aus der Wahl der Tage, deren Kurse berücksichtigt sind, erklären.

Betrachten wir dann weiter die Kurshöhe der Anfangsmonate im Vergleich mit der Kurshöhe in den Endmonaten. Ganz klar sehen wir

---

[1] Aktienindex in Goldprozent, in der Zeitschrift „Wirtschaft und Statistik" fortlaufend veröffentlicht.

die Bewegung bei den Roggenanleihen: während im März und April die Parität fast erreicht wird, bleibt der Kursstand im Dezember weit zurück und erreicht im Januar 1924 nicht mehr 60%; etwas besser wird das Verhältnis für die Endmonate bei Berücksichtigung des jeweiligen Preises. Ähnlich vollzieht es sich bei den Goldanleihen, wenn wir die früheren Ziffern der Rhein-Main-Donau-Goldanleihe mit berücksichtigen. Bei den Kohlenanleihen ist die Bewegung nicht so klar. Berücksichtigen wir das, was oben über die Badenwerk-Anleihe gesagt wurde, dann war der Ausgangspunkt im April 1923 etwa 100%; die gleiche Höhe wird im Januar 1924 wieder erreicht; aber wir müssen hierbei bedenken, daß, wie oben ausgeführt, im April eine ausgesprochene Deroute auf dem Markt der Kohlenanleihen herrschte. Der Kursstand im April war anormal niedrig; dies erklärt, daß nicht das gleiche Verhältnis des Kursstandes vom April 1923 zum Kursstand vom Januar 1924 bei den Kohlenanleihen in Erscheinung tritt, welches wir bei Roggen- und Goldanleihen betrachten können. Aber wenn wir den Kursstand der Kohlenanleihen im Januar 1924 mit dem gleichzeitigen Preis des Faktors vergleichen, finden wir in dieser Hinsicht wieder dasselbe Bild wie bei den Roggen- und Goldanleihen. Auch die Kalianleihe zeigt in den letzten Monaten die gleiche Bewegung[1]. Alles in allem sehen wir das starke Absinken der wertbeständigen Anleihen in den letzten Beobachtungsmonaten.

Zur Erklärung dieser Erscheinung wollen wir zunächst wieder mit dem Aktienindex vergleichen. Der Aktienindex zeigt keineswegs die gleiche Bewegung; zwar auch hier der Rückgang gegenüber der Novemberhöhe, aber einerseits vom Dezember bis Januar noch wieder ein Aufstieg, andererseits ein viel höherer Stand als im Sommer 1923, ganz besonders ein Mehrfaches des Standes vom März und April. Es ist also klar ersichtlich, daß der Aktienindex eine aufsteigende Bewegung zeigt in der gleichen Periode, in welcher der Index der wertbeständigen Anleihen eine absteigende Bewegung zeigt. Auch in den Monaten zwischen Juli und November, wo der Index der wertbeständigen Anleihen vorübergehend unter die März-April-Parität fällt, macht sich bereits beim Aktienindex die aufsteigende Bewegung geltend. Die

---

[1] Den Kurs der Kalianleihe, zu welchem sie im Mai und Juni untergebracht wurde, können wir nicht berücksichtigen, da durch die Geldentwertung der Kurs niedriger geworden ist und eine starke Überzeichnung stattfand.

Ziffern des Aktienindex selbst zeigen nun ja, in welcher starken Weise die Aktien unterbewertet werden im Verhältnis zu ihrer Vorkriegsbewertung. Ob allerdings diese Vorkriegsbewertung den heute tatsächlich vorhandenen Goldwerten und den Rentabilitätsmöglichkeiten der in Frage stehenden Gesellschaften entspricht, das wird schwer zu entscheiden sein. Feststellbar ist nur, daß allgemein auch jetzt noch nach der starken Steigerung der Aktienkurse die Anschauung vorherrscht, daß die Aktien noch weit unter ihrem tatsächlichen Wert im Kurse stehen, ein Zustand, der wegen des stark fühlbaren Kapitalmangels noch weiter besteht, und welcher bei den Aktien für die Zukunft die Wahrscheinlichkeit eines größeren Kursgewinnes entstehen läßt. Demnach können wir feststellen, daß nach der allgemeinen Anschauung bei den Aktien zur Zeit dasselbe vorliegt wie bei den wertbeständigen Anleihen, nämlich daß sie unter „pari" stehen. Die gegenwärtige niedrige Bewertung der wertbeständigen Anleihen ist daher aus diesem Grunde nicht auffällig; beachtenswert ist vielmehr die im Verhältnis zu den Aktien hohe Bewertung der wertbeständigen Anleihen im Sommer 1923. Die Erklärung für diesen Tatbestand haben wir zweifellos darin zu suchen, daß bei den Aktien die Millionen- und Milliardenziffern der Kurse zunächst noch völlig die Erkenntnis der Unterbewertung verschleierten, und daß erst die allmählich fortschreitende Durchsetzung der Goldrechnung die Höherbewertung herbeiführte; hingegen war bei den wertbeständigen Anleihen von Anfang an ein gewisser Vergleichsmaßstab gegeben, und zwar in den jeweils geltenden Preisen des Faktors der Anleihe, woraus die verhältnismäßig hohe Bewertung der wertbeständigen Anleihen im Sommer 1923 erklärlich wird.

Weiterhin wollen wir versuchen, die Kursbewegung zu verstehen aus den jeweils geltenden Zinssätzen. Wir hatten bereits oben ausgeführt, daß der Zinsfuß der wertbeständigen Anleihen im Jahre 1923 zweifellos niedrig war im Verhältnis zu den Zinssätzen bei Papiermarkanleihen; und nicht nur langfristige Papiermarkkredite, auch kurzfristige Kredite dieser Art, wie aus den derzeitigen Sätzen für tägliches Geld zur Genüge hervorgeht, bedangen im Jahre 1923 weit höhere Zinssätze. Aber diese Zinssätze lassen einen Vergleich nicht zu, denn in ihnen steckt zum größten Teil eine hohe Risikoprämie für wahrscheinliche Geldentwertung. Eine kurzfristige Unterbringung privater Gelder durch Ausleihen auf wertbeständiger Grundlage war im größten Teil des Jahres 1923 nur vereinzelt möglich, es waren hauptsächlich nur einige wenige Spezialbanken, welche sich damit befaßten[1]. Eine langfristige Unterbringung war nach dem Gesetz über wertbeständige Hypotheken möglich, ein einheitlicher Zinssatz bildete sich jedoch bis jetzt nicht aus[2]; außerdem ist der Vergleich mit den Hapothekensätzen jetzt weniger möglich als in der Vorkriegszeit, weil jeder mehr als früher bemüht ist, seine verfügbaren Kapitalien in einer leicht realisierbaren Form zu erhalten, um sich den schwankenden Verhältnissen anpassen zu können, so daß die Kapitalien, welche sich der Anlage in wertbeständigen Anleihen zuwandten, zumeist nicht für die Hypothekenanlage in Frage kamen. Alle die verschiedenen Zinssätze, welche in der Zeit der Geldentwertung herrschten, lassen einen Vergleich mit den Zinssätzen der wertbeständigen Anleihen nicht zu. Wir können daher einen geeigneten Vergleich erst finden, und andere Zinssätze können auch einen Einfluß auf die Kursbewegung der wertbeständigen Anleihen erst gewinnen von dem Augenblick ab, wo eine kurzfristige Unterbringung privater Gelder ohne die Gefahr der Geldentwertung möglich wird, was praktisch und in ausreichendem Umfang wohl erst etwa seit Dezember 1923 der Fall ist. Offensichtlich ist nun der Zinssatz hierbei weit höher als derjenige der wertbeständigen Anleihen; die Banken bieten höhere Zinssätze an bei Festlegung auf längere Zeit auch trotz Übernahme des Geldentwertungsrisikos; die Sätze für tägliches Geld sind noch erheblich höher. Die Rücksicht auf die gegenwärtigen Zinssätze läßt offensichtlich eine Unterbewertung der niedrig verzinslichen wertbeständigen Anleihen erklärlich erscheinen, während man sich vor der Möglichkeit solcher andersgearteter Kapitalanlagen, d. h. praktisch vor der Stabilisierung, mit dem verhältnismäßig niedrigen Zinsfuß der wertbeständigen Anleihen begnügte. Man kann hieraus für den Sommer des Jahres 1923 den wichtigen Schluß ziehen, daß der sogenannte Kapitalmangel, von dem derzeit so viel gesprochen wurde, offensichtlich nicht auf allen Gebieten vorhanden war, daß er für wertbeständige Anleihen im Grunde nicht existierte.

Betrachten wir nun noch einige Einzelheiten hinsichtlich der Kursbewegung. Wir sehen im wesentlichen noch keine klare Entwicklung hinsichtlich der Differenzierung; es ist hierbei allerdings zu bedenken,

---

[1] Zum Beispiel Deutsche Standardbank Hamburg.
[2] Es hat den Anschein, als ob es sich bei vielen wertbeständigen Hypotheken, deren Zinssätze 5—6% betragen, um Restkaufgelder handelt, bei denen natürlich niedrigere Zinssätze herauskommen können als bei solchen Hypotheken, welche ohne solche Vorbedingung hereingebracht werden sollen.

daß die Zahl der beobachteten Papiere und der Beobachtungszeitraum für einen größeren Teil der Papiere im Grunde genommen auch zu klein ist, um einwandfreie Schlüsse zuzulassen. Vorläufig ist noch nicht deutlich erkennbar, daß die höher verzinslichen Papiere entsprechend bessere Kurse erzielten; einige der höher verzinslichen Roggenpapiere werden beispielsweise von einigen 5%igen Papieren übertroffen. Jedoch läßt dies noch nicht den Schluß zu, daß die Höhe der Verzinsung unberücksichtigt bleibt; es sprechen ja auch andere Momente für die Bewertung mit, wie die Einschätzung des Schuldners und dergleichen. Wo die Vorbedingungen im übrigen einigermaßen dieselben sind, tritt der Unterschied der Verzinsung auch im Kurse hervor. So zeigen die neu herausgebrachten 7%igen Goldpfandbriefe der Hamburger Hypothekenbank (Ende Februar) einen Kursstand von 90%, der weit über dem Kursstand der übrigen an der Börse notierten 5%igen Goldpfandbriefe liegt. Auffallend ist der neuerdings verhältnismäßig hohe Stand der Oldenburger Roggenanweisungen; bei dem Stand der Papiere unter Pari ist dieser verhältnismäßig hohe Stand durchaus erklärbar angesichts der baldigen Einlösung dieser Anweisungen. Im übrigen bildet sich langsam im Januar und Februar 1924 eine besondere Differenzierung heraus. Wir sehen, daß alle diejenigen Obligationen, von denen noch fortlaufend neue Teilbeträge herausgegeben werden, und zwar auf dem Wege der Kreditgewährung an kommunale Schuldner oder auf Grund dinglicher Sicherheiten, niedriger stehen als die anderen; so stehen fast alle Anleihen der Länder und Gemeinden verhältnismäßig hoch, während die Papiere der verschiedenen Bankinstitute niedrig stehen, denn deren Kredit wird ständig in Anspruch genommen, während die Länder und Gemeinden sich im allgemeinen scheuen, mit eigenen Anleihen bei den niedrigen gegenwärtigen Kursen herauszukommen oder sie neu an die Börse zu bringen. Überragt aber werden die übrigen Goldanleihekurse bei weitem von dem Kursstand der Reichsgoldanleihe, eine Erscheinung, die wir auf den Geldersatz-Charakter der Goldanleihe und auf Eingriffe des Reichs zurückzuführen haben.

Die Kursentwicklung der wertbeständigen Anleihen seit der Stabilisierung hat in weiten Kreisen „enttäuscht". Aber zweifellos teilen die wertbeständigen Anleihen hier nur das Schicksal, das alle niedrig verzinsbaren Anlagepapiere in Zeiten des Kapitalmangels erleiden, in denen ihr Zinsfuß den Verhältnissen auf dem Kapitalmarkt nicht mehr entspricht.

D. Die Umstellung des öffentlichen Haushalts in Deutschland auf Goldmark und die Folgerungen für die Aufnahme wertbeständiger Anleihen.

In einem Anfang September 1923 geschriebenen Aufsatz[1] hat Verfasser darauf hingewiesen, daß wir hinsichtlich der wertbeständigen Anleihen einem neuen Zustand entgegengingen; wir müßten infolge des gänzlichen Aufhörens des Papiermarkkredits damit rechnen, daß in Kürze auch solche öffentlichen Körperschaften wertbeständige Anleihen aufnehmen müßten, welche über besondere wertbeständige Einnahmen zur Deckung der Anleiheverpflichtungen nicht verfügten. Deshalb mußte ganz besonders zur Aufrechterhaltung einer gesunden Kredit= politik gefordert werden, daß das ganze Einnahmewesen in kürzester Frist auf wertbeständige Grundlage gestellt werde, um durch die Struktur des Gesamthaushalts die fehlende besondere Deckung für die wert= beständige Anleihe zu ersetzen. Der damals vorauszusehende Zustand hinsichtlich des Kreditwesens ist denn auch tatsächlich eingetreten, und zwar früher eingetreten, als die neuen Grundlagen für die weitere Anleihepolitik geschaffen werden konnten. Bei der kritischen Lage, in welche der öffentliche Haushalt nach der im November 1923 erfolgten Stabilisierung geriet, konnte die vorherige Schaffung der erforderlichen Grundlagen für Anleihen nicht abgewartet werden, es mußten viel= mehr in der Anleihefrage sofort neue Entschlüsse gefaßt werden, und die als Grundlage für diese Entschlüsse erforderlichen Maßnahmen wurden gleichzeitig so schnell als möglich in die Wege geleitet, da diese Maßnahmen nicht nur für das Anleihewesen wichtig waren, sondern überhaupt die Grundlage für die Gesundung des öffentlichen Haushalts bildeten. Den neuen Standpunkt Preußens in der Anleihefrage ent= wickelte Ministerialdirektor Mulert vom Preußischen Ministerium des Innern auf einer Tagung des Vereins für Kommunalwirtschaft in Hamburg am 13. Dezember 1923[2], und die Grundsätze wurden bald darauf in einer Verfügung des preußischen Ministers des Innern und des Finanzministers vom 9. Januar 1924 betreffend wertbeständige An=

---

[1] Der wertbeständige Kredit, Zeitschr. für Kommunalwirtschaft, Jahrg. 1923, Nr. 20, S. 758ff.

[2] Vortrag veröffentlicht in der Zeitschr. für Kommunalwirtschaft, Jahrg. 1924, Nr. 3.

leihen der Gemeinden und Gemeindeverbände¹ zusammengefaßt. Hiernach soll in Zukunft die Genehmigung für Goldanleihen auch erteilt werden, wenn besondere goldwertige Einnahmen zur Deckung nicht vorhanden sind, während für andere sachwertige Anleihen wie Roggen- und Kohlenanleihen die früher verfolgten Gesichtspunkte hinsichtlich der Deckung auch weiterhin maßgebend sein sollen, d. h. es wird weiterhin eine besondere Deckung durch Einnahmen, welche in gleicher Weise variieren wie die Anleiheverpflichtungen, gefordert. Hinsichtlich der Goldanleihen wird unter Betonung des Umstandes, daß die Abgaben nunmehr ausnahmslos in Gold umgestellt sind, auf die Deckung durch das gesamte Einnahmewesen verwiesen, wobei der Grundvermögenssteuer eine ganz besondere Bedeutung beigemessen wird. „Eine solche vollkommene Sicherheit erscheint gegeben, wenn der Zins- und Tilgungsdienst nicht mehr als etwa 20% des Aufkommens der Grund- und Gebäudesteuer im Jahre 1913 beansprucht. Dabei setzen wir voraus, daß die Grundvermögenssteuer bereits in einer den Friedensverhältnissen entsprechenden Weise auch jetzt wieder angespannt ist."² Alles in allem wird als Hauptpunkt auf den Ausgleich zwischen Einnahmen und Ausgaben im gesamten Haushalt hingewiesen.

Es soll nunmehr in der Gesamtstruktur des Haushalts die Grundlage für wertbeständige Anleihen, und zwar für Goldanleihen, gesucht werden; zwar ist in obiger Verfügung insbesondere auf die Grundvermögenssteuer hingewiesen, jedoch nicht etwa in dem Sinne, daß dieselbe als Spezialdeckung für wertbeständige Anleihen dienen sollte, sondern nur in dem Sinn, daß ein praktisch anwendbarer Maßstab für die Höchstbelastung mit wertbeständigen Anleihen gegeben werden soll, und als Ausdruck der Bedeutung, welche der Grundvermögenssteuer gegenwärtig als Haupteinnahmequelle zukommt. An früherer Stelle dieser Untersuchung³ haben wir festgestellt, wann in der Gesamtstruktur des Haushalts die Grundlage für wertbeständige Anleihen gegeben ist, nämlich wenn derselbe Variationsfaktor, welcher die Höhe der aus der wertbeständigen Anleihe resultierenden Verpflichtungen beherrscht, auch für die Bewegungen im Einnahme- und übrigen Ausgabewesen der betreffenden öffentlichen Körperschaft maßgebend ist; denn

---

[1] Ministerialblatt für die Preußische Innere Verwaltung, Jahrg. 1924, Nr. 3, S. 46ff.

[2] a. a. O. S. 49.

[3] B II.

dann würden sich bei Geldwertänderungen oder bei sonstigen Änderungen des Preisstandes des Faktors zwar andere absolute Zahlen auf der Einnahme- und Ausgabeseite ergeben, das Verhältnis der Größen auf beiden Seiten bliebe jedoch unverändert. Daß dies bei den sachwertigen Anleihen wegen der eigenen Preisbewegungen des Faktors nicht der Fall sein kann, ist oben[1] bereits ausgeführt, und die genannte preußische Regelung läßt deshalb für solche Anleihen den alten Zustand bestehen. Es handelt sich demnach hier nur um die Frage der Goldanleihen, und zwar ist zu prüfen, ob durch die Umstellung auf Gold der geforderte Zustand hinsichtlich der Gesamtstruktur des Haushalts eingetreten ist. Wir müssen uns darüber klar sein, daß wir damit in das Kernproblem des deutschen öffentlichen Haushalts in der Gegenwart eintreten. Es ist selbstverständlich, daß im Rahmen dieser Arbeit eine solche Untersuchung nur in großen Zügen geführt werden kann; aber die Untersuchung muß an dieser Stelle durchgeführt werden, einerseits, weil sie für die Frage nach der Zulässigkeit wertbeständiger Anleihen unter den jetzigen Verhältnissen ausschlaggebend ist, andererseits, weil eine einheitliche Meinung über diese Frage sich noch nicht ausgebildet hat bzw. weil vorhandene allzu optimistische Äußerungen nicht einfach übernommen werden können. Wir wollen die Frage untersuchen an dem Beispiel Preußens und seiner Gemeinden und Gemeindeverbände; da die Maßnahmen zur Umstellung des Haushalts auf Gold in den verschiedenen Ländern verschieden sind, und da auch die verschiedenen Einnahme- und Ausgabeposten im Haushalt Preußens und der preußischen Gemeinden bzw. Gemeindeverbände anderer Art sind als beispielsweise im Reichshaushalt, kommen wir hierdurch nicht zu einem allgemein gültigen Urteil über die Folgerungen, welche aus der Umstellung des Haushalts auf Gold zu ziehen sind, wohl aber zu einer klareren Einsicht darein, wann die Vorbedingungen tatsächlich gegeben sind, um die genannten Folgerungen hinsichtlich der Aufnahme wertbeständiger Anleihen ziehen zu können. Wir müssen uns mit diesem Ergebnis begnügen, da es sich bei der „Umstellung des Haushalts auf Gold" keineswegs um einen eindeutig festgelegten Tatbestand handelt, sondern um eine Summe von Maßnahmen, welche an verschiedenen Stellen in verschiedener Weise und außerdem nach Maßgabe der tatsächlichen Voraussetzungen mit verschiedenem Ergebnis zur Durchführung gebracht werden.

---

[1] B II.

Wir müssen uns nun zunächst fragen, mit welchem Variationsfaktor wir denn bei Goldanleihen im Falle der Goldwertänderung zu rechnen haben. Bei einer tatsächlich wertbeständigen Anleihe, wie sie etwa durch die Lübecker Anleihe verwirklicht ist, wo die Zins- und Tilgungsbeträge auf Grund des Devisenkurses vom Tage vor Fälligkeit der betreffenden Zahlungen errechnet werden, variieren die Verpflichtungen aus der Anleihe unmittelbar mit den aus den Devisenkursen ersichtlichen Geldwertänderungen. Bei anderen Anleihen, wo für die Errechnung der Zins- und Tilgungsbeträge die Kursbewegung eines mehr oder weniger langen Zeitraums berücksichtigt wird, weicht der Variationsfaktor möglicherweise von der Geldwertänderung ab, und zwar ist der Variationsfaktor kleiner als die Geldwertänderung, wenn in dem zur Berechnung herangezogenen Zeitraum der Devisenkurs durchschnittlich niedriger war als im Augenblick der Fälligkeit der Zins- und Tilgungsbeträge [1], und er ist größer als die Geldwertänderung, wenn in dem zur Berechnung herangezogenen Zeitraum der Devisenkurs durchschnittlich höher war als im Augenblick der Fälligkeit der Zins- und Tilgungsbeträge [2]; jedoch ist in diesem letzteren Fall das Risiko eines solchen höheren Variationsfaktors dadurch zu beseitigen, daß die in Frage stehenden Beträge bereits in dem betreffenden Zeitraum in Geld heimischer Währung umgelegt werden, so daß das Risiko einer Geldwertsteigerung von diesem Zeitraum bis zum Zahltag beseitigt wird. Wir dürfen daher die Möglichkeit der Steigerung des Variationsfaktors über das Maß der Geldwertveränderung praktisch unberücksichtigt lassen; wir müssen uns jedoch bewußt sein, daß wir die Voraussetzung einer auf Risikoverminderung bedachten Finanzpolitik machen. Wir dürfen ferner wohl davon ausgehen, daß bei den Goldanleihen der nordamerikanische Dollar, welcher auch allgemein der Berechnung der Geldwertänderung zugrunde gelegt wird, als Faktor gewählt wird, bzw. ein solcher Faktor gewählt wird, welcher gegenüber dem Dollar praktisch keine nennenswerten Eigenbewegungen aufweist (z. B. Feingold), so daß aus der Auswahl des Faktors keine Komplikationen entstehen. Wir können dann also praktisch damit rechnen, daß der Variationsfaktor nicht größer ist als die Goldwertänderung; wir können praktisch nicht damit rechnen,

---

[1] Dieser Fall ist praktisch bedeutungsvoll bei fortschreitender Entwertung des heimischen Geldes.

[2] Dieser Fall ist praktisch bedeutungsvoll bei fortschreitender Wertsteigerung des heimischen Geldes.

daß der Variationsfaktor notwendig kleiner ist als die Geldwertänderung, da dies nur unter den ganz besonderen oben gekennzeichneten Bedingungen der Fall ist. Wir können deshalb für unsere weitere Untersuchung davon ausgehen, daß der Variationsfaktor der Geldwertänderung gleich ist. In dem auf Goldmark basierten Haushalt kommt dies in der Weise zur Geltung, daß für den Zinsen- und Tilgungsdienst der Anleihe ein bestimmter Goldmarkbetrag eingesetzt wird; dieser Betrag wird unter der obengenannten Bedingung unterschritten, so daß ein Restbetrag gegenüber dem Etatansatz verbleiben kann, während die Gefahr der Überschreitung angesichts der Möglichkeit einer Geldwertsteigerung durch die oben bezeichnete Finanzpolitik vermieden werden muß.

Betrachten wir nun die Frage zunächst hinsichtlich der Ausgabenseite des Haushalts. Nachdem Löhne und Gehälter durchgängig auf Goldmark umgestellt sind, nachdem Materialien und ähnliche Ausgabeposten durchgängig in Goldmark berechnet werden, dürfen wir zunächst davon ausgehen, daß mit der Geldwertänderung auch die in dem heimischen Geld für diese Ausgaben erforderlichen Beträge variieren, daß wir also bei den übrigen Ausgaben durchgängig denselben Variationsfaktor haben wie bei den wertbeständigen Anleihen. Bei Aufstellung des Goldmarkhaushaltes wird auch tatsächlich hiervon ausgegangen, indem auch für diese Ausgabeposten bestimmte Goldmarkbeträge eingestellt werden. Allerdings besteht erfahrungsgemäß hinsichtlich der Materialien und ähnlicher Ausgabeposten, deren Preishöhe auf vertraglicher Basis beruht und nicht einseitig vom Staat oder einer sonstigen öffentlichen Körperschaft festgesetzt wird, die Gefahr, daß im Falle der Geldentwertung die Grundpreise heraufgesetzt werden und infolgedessen die vorgesehenen Goldmarkbeträge überschritten werden, d. h. daß ein höherer Variationsfaktor für diese Ausgabeposten wirksam werden kann[1]. Hier entsteht demnach eine Störungsmöglichkeit für den Fall, daß im übrigen Einnahmen und Ausgaben sich der Geldwertänderung angleichen; der Zustand einer gleichmäßigen Änderung aller Haushaltsposten wird in diesem Falle nicht verwirklicht. Nun ist ja allerdings das Risiko der Veränderung der Grundpreise ein Risiko, das jederzeit, auch in Zeiten stabilen Geldwertes, gegeben ist; jedoch ist

---

[1] Daß nach allgemeiner Durchsetzung der Goldmarkrechnung noch die Möglichkeit des Zurückbleibens der in Goldmark berechneten Grundpreise bestände, kann wohl verneint werden.

erfahrungsgemäß das Ausmaß der möglichen Veränderungen der Grundpreise bei schwankendem Geldwert erheblich größer — man denke nur an die deutschen Vorgänge im November 1923 —, so daß von dieser Störungsmöglichkeit nicht einfach abgesehen werden kann. Allerdings könnte man nun ja annehmen, daß dieser Fall gerade im Hinblick auf die hier geführte Untersuchung irrelevant ist, weil in diesem Falle ja die durch die Goldanleihe verursachten Ausgaben gegenüber den so gesteigerten Ausgaben kleiner und leichter tragbar erscheinen; aber demgegenüber muß darauf hingewiesen werden, daß wir jetzt eine Deckung für die Anleiheverpflichtungen in der Gesamtstruktur des Haushalts suchen und demgemäß solche Momente, welche diese Gesamtstruktur stören, auch für die Grundlagen der Goldanleihen von Wichtigkeit sind. — Erwähnt sei daneben eine zweite Störungsmöglichkeit, nämlich daß die Geldwertänderung irgendwelche Störungen im Wirtschaftsleben hervorruft, daß durch Einwirkung auf die soziale Lage irgendwelcher Bevölkerungsteile neue Ausgaben für die öffentliche Körperschaft entstehen, welche im Haushalt nicht oder nicht in entsprechender Höhe vorgesehen waren.

Nachdem wir in dieser Weise die bei Geldwertänderungen vor sich gehenden Veränderungen des Ausgabewesens charakterisiert haben, gehen wir nunmehr zur Betrachtung des Einnahmewesens über. Wir finden nun bei den öffentlichen Körperschaften hauptsächlich zwei Arten von Einnahmen, welche einzeln betrachtet werden müssen, nämlich: 1. Steuern und Abgaben, 2. Einkünfte aus Erwerb und Vermögen. Untersuchen wir nun zunächst die erste Art unter dem Gesichtspunkt, wie sich diese Einnahmeposten bei Änderungen des Geldwertes verhalten. Wir müssen hierbei wieder zwei verschiedene Teilarten unterscheiden, nämlich 1. solche Steuern und Abgaben, welche der eigenen Regelung durch die in Frage stehenden öffentlichen Körperschaften, hier also Preußen und seine Gemeinden und Gemeindeverbände, unterliegen, und ferner solche Steuern und Abgaben, welche vom Reich geregelt und dementsprechend auch zumeist vom Reich erhoben werden, aus deren Ertrag sodann den Ländern und Gemeinden Steuerüberweisungen zufließen.

Betrachten wir nun diejenigen Steuern und Abgaben, welche der eigenen Regelung der hier in Frage stehenden öffentlichen Körperschaften unterliegen. Bei der Betrachtung dieser Regelung können wir uns auf die Untersuchung der diesbezüglichen Landesgesetze bzw. Ver=

ordnungen beschränken, weil Preußen die Frage zwingend auch für die Gemeinden und Gemeindeverbände geregelt hat. — Eine unvollkommene Regelung hatte das Gesetz zur Anpassung der Steuergesetze an die Geldentwertung vom 31. Juli 1923[1] und die nachfolgende gleichnamige Verordnung vom 1. September 1923[2] gebracht. Jedoch bringt dann die Landesaufwertungsverordnung vom 7. November 1923[3] und die Goldabgabenverordnung vom 18. Januar 1924[4] die Regelung, welche bestimmt ist, die in Frage stehenden Einnahmen der Geldwertänderung automatisch anzupassen. „Während . . . . die Landesaufwertungsverordnung auf Papiermark lautende Abgaben zum Gegenstand hat und die Frage regelt, wie derartige Abgaben auf ihren Goldwert zurückzuführen und danach zu zahlen sind, hat die Goldabgabenverordnung auf Goldmark lautende Abgaben zum Gegenstand."[5] Durch § 5 Absatz 1 der Goldabgabenverordnung wird für alle öffentlichen Abgaben, die von Gemeinden und Gemeindeverbänden erhoben werden (z. B. auch für die Umlagen der Provinzen, der Bezirksverbände und Landkreise), die Bewertung der Bemessungsgrundlagen bzw. die Festsetzung der Abgabensätze in Goldmark vom 1. April 1924 ab als zwingend vorgeschrieben — in ähnlicher Weise verfährt das Land Preußen hinsichtlich seiner eigenen Abgaben —, so daß der Goldabgabenverordnung für die Zukunft erhöhte Bedeutung zukommt gegenüber der Landesaufwertungsverordnung.

Wie weit nun infolge der genannten Verordnungen die Höhe der betreffenden Einnahmen unmittelbar der Geldwertänderung folgt, dafür ist zunächst der Goldumrechnungssatz, nach welchem die Umrechnung der Abgaben in Goldmark und die Bewertung der geleisteten Zahlungen erfolgt, maßgebend. Als Goldumrechnungssatz wird der für die Reichssteuer geltende Umrechnungssatz bestimmt, welcher sich nach der bisherigen Handhabung dem Dollarkurs des Vortages anschließt. Um bei der Umrechnung der Steuerschuld in Goldmark die Gefahr etwaiger Abweichungen durch Goldwertänderungen zu vermeiden, bestimmt die Landesaufwertungsverordnung in § 2 Absatz 2, daß der Goldmarkbetrag der zu leistenden Zahlung sich nach dem Zeitpunkt der Ent-

---

[1] Preußische Gesetzsammlung 1923, Nr. 44, S. 361ff.
[2] Preußische Gesetzsammlung 1923, Nr. 51, S. 415ff.
[3] Preußische Gesetzsammlung 1923, Nr. 68, S. 517ff.
[4] Preußische Gesetzsammlung 1924, Nr. 7, S. 40ff.
[5] Ministerialblatt der Preuß. Inneren Verwaltung 1924, Nr. 9, S. 175ff.

stehung der Schuld richtet; der Zeitpunkt der Entstehung der Schuld wird sodann in § 3 in solcher Weise bestimmt, daß das angestrebte Ergebnis auch tatsächlich erzielt wird. Um bei der Umrechnung der in Goldmark berechneten Steuerschuld in den in deutscher Währung zu zahlenden Betrag etwaige Abweichungen durch Geldveränderung zu vermeiden, bestimmt die Goldabgabenverordnung in § 1 Absatz 2, daß der am Tage der Zahlung geltende Goldumrechnungssatz maßgebend sein soll, wobei der Tag der Zahlung des näheren so bestimmt ist, daß dieser Tag mit demjenigen Tag, an dem die zuständige Finanzkasse den Betrag zu seiner Verfügung erhält, möglichst zusammenfällt.

Eine Schwierigkeit tritt nun jedoch in dem Augenblick ein, wenn eine Steuer nicht an einen zu einer bestimmten Zeit bestehenden oder eintretenden Tatbestand anknüpft, sondern an eine Summe von Tatbeständen, welche im Laufe eines längeren Zeitraums verwirklicht werden, z. B. die Steuer vom Gewerbeertrag. Keine Schwierigkeit würde dann eintreten, wenn die bei der Berechnung des Betrages berücksichtigten Bücher ebenfalls auf Goldmarkgrundlage geführt würden. Ist dies jedoch nicht der Fall, dann werden Entnahmen aus dem Gewerbebetrieb, z. B. zum Zwecke des Verbrauchs der Gesellschafter oder zu Kapitalinvestitionen, welche im Laufe des Geschäftsjahres erfolgt sind, nicht mit dem Goldmarkbetrage erscheinen, welchen sie zur Zeit der betreffenden Entnahmen ausmachten, sondern mit dem Goldmarkbetrag, welcher auf Grund des Geldwertes am Ende des Geschäftsjahres errechnet wird. Diese Schwierigkeit besteht in gleicher Weise wie bei der Steuer vom Gewerbeertrag auch bei der Einkommen- und Körperschaftssteuer — mit Ausnahme der Steuer von den vom Lohnabzug erfaßten Einkommen —, eine Regelung dieser Angelegenheit steht noch aus. Es ist vielmehr hinsichtlich der Steuer vom Gewerbeertrag ebenso wie hinsichtlich der Einkommen- und Körperschaftssteuer nur eine Regelung der Vorauszahlungen erfolgt, bei welchen die genannten Schwierigkeiten nicht bestehen[1].

Wir können danach sagen, daß die bisherige Regelung allerdings bewirkt, daß die Steuereingänge bei den Finanzkassen sich den Geld-

---

[1] Siehe Ergänzungsverordnung zur Verordnung vom 23. November 1923 über die vorläufige Neuregelung der Gewerbesteuer (Pr. Gesetzsamml. S. 519), vom 16. Februar 1924 (Pr. Gesetzsamml. 1924, Nr. 14, S. 109ff.); ferner zweite Steuernotverordnung und Durchführungsbestimmungen über die Vorauszahlungen, Reichsministerialblatt 1924, Nr. 7.

wertänderungen unmittelbar anpassen, wobei wir allerdings bemerken müssen, daß die endgültige Regelung hinsichtlich einer sehr wesentlichen Steuer, nämlich der Gewerbesteuer, noch aussteht und Schwierigkeiten hierbei zweifellos vorhanden sind. Wir hatten bei Betrachtung der Ausgabenseite oben bemerkt, daß die Ausgaben durch Veränderung der Grundpreise bei Geldwertänderungen möglicherweise Veränderungen erfahren, und daß neue Ausgaben in Verbindung mit den durch die Geldwertänderung hervorgerufenen Störungen des Wirtschaftslebens eintreten; analog müssen wir hier die Gefahr erwähnen, daß infolge von Störungen des Wirtschaftslebens bei Geldwertänderungen möglicherweise die den Steuern zugrunde gelegten Tatbestände in geringerer Zahl oder in geringerer Höhe eintreten, so daß dadurch die Eingänge nicht in gleicher Weise variieren wie der Geldwert. Diese Störungsmomente hinsichtlich der Variation der Einnahmen sind festzuhalten.

Wir hatten bisher diejenigen Steuern und Abgaben betrachtet, welche der eigenen Regelung Preußens oder der ihm nachgeordneten Körperschaften unterliegen. Wir kommen nunmehr zur Betratung derjenigen Einnahmen, welche aus Steuern und Abgaben des Reichs infolge Überweisung den Ländern und Gemeinden zufließen. Nachdem die grundsätzliche Betrachtung, inwieweit die Steuereinnahmen sich der Geldwertänderung anpassen, bei den preußischen Steuern durchgeführt ist, soll die Regelung, die vom Reich hauptsächlich in der zweiten Steuernotverordnung getroffen ist, nicht im einzelnen untersucht werden. Es sei nur darauf hingewiesen, daß bei den Steuerüberweisungen der Anteil an der Einkommen- und Körperschaftssteuer eine besondere Rolle spielt, für welche eine endgültige Regelung bisher nicht getroffen ist. Wir wollen hinsichtlich der Steuerüberweisungen nun jedoch ein neues Störungsmoment betrachten, dem eine überragende Bedeutung beizumessen ist. Dies besteht in folgendem: Angenommen, daß die Finanzkassen, bei denen die in Frage stehenden Steuern zunächst eingehen, diese Steuer in einer Höhe erhalten, welche sich den Geldwertänderungen unmittelbar anpaßt, dann gilt dieser Zustand doch nur hinsichtlich des Eingangs bei den genannten Kassen. Aus diesen Eingängen erhalten dann die Länder und Gemeinden ihren Anteil erst nach einer Reihe von Tagen, der vielfach in den vergangenen Monaten den Zeitraum von zwei Wochen überschritten hat [1]. Geldwertänderungen, die in diesem Zeitraum vor sich gehen, bis die betreffende öffentliche Körperschaft

---

[1] Nach verschiedenen Mitteilungen.

über die ihr zustehenden Steuerüberweisungen verfügen kann, gleichen sich diese Einnahmen nach der bisherigen Regelung nicht an. Wir müssen nun beachten, daß es sich bei diesen Steuerüberweisungen um einen außerordentlich großen Anteil an den gesamten Einnahmen der in Frage stehenden öffentlichen Körperschaften handelt; nach Angaben, welche den von der Reparationskommission eingesetzten Sachverständigenausschüssen übergeben sind [1], handelt es sich hierbei um etwa dieselben Beträge, wie die Länder und Gemeinden sie durch eigene Steuern und Abgaben schätzungsweise aufbringen können. Inwieweit der Zeitraum, in welchem nach der bisherigen Regelung diese Einnahmen sich Geldwertänderungen nicht anpassen, verkürzt werden kann, oder ob auch diese Überweisungen auf Goldmark gestellt werden können, das ist eine technische Frage, auf welche eine Antwort hier nicht gegeben werden soll. Festzustellen ist nur die Friktion hinsichtlich der Goldwertigkeit dieser Einnahmen bei der bisherigen Regelung. Dieser Tatbestand leitet uns nun darauf hin, daß eine ähnliche Friktion auch bei denjenigen Steuern besteht, welche der Regelung Preußens bzw. der nachgeordneten Körperschaften unterstehen. Wenn beispielsweise eine Steuer an eine Kasse zu zahlen ist, über deren Eingänge diejenige Stelle, welcher die Steuer zufließen soll, nicht unmittelbar und ohne Zeitaufschub verfügen kann, dann tritt auch hier eine Zeitspanne ein, innerhalb deren sich die Eingänge für den endgültigen Empfänger nicht unmittelbar der Geldwertänderung anpassen. Ein Beispiel: Die derzeit wichtigste preußische Steuer, die vorläufige Steuer vom Grundvermögen, ist gemäß Verordnung vom 22. Oktober 1923 [2] an den Vorstand der Gemeinde zu entrichten, in welchem das Grundstück liegt. Durch diese Regelung wird allerdings die Gemeinde in die Lage versetzt, über den infolge des Gemeindezuschlages der Gemeinde zustehenden Steueranteil unmittelbar zu verfügen, ohne daß inzwischen ein Zeitraum vergehen muß, in welchem die Einnahme sich der Geldwertänderung nicht anpaßt; welcher Zeitraum aber vergeht, ehe der preußische Staat seinen Anteil zu seiner Verfügung erhält, welcher sich in diesem Zeitraum der Geldwertänderung nicht anpaßt?

Hinsichtlich der Einnahmen aus Erwerb und Vermögen kann hier so viel gesagt werden, daß infolge allgemeiner Einführung der Goldmark-

---

[1] Deutschlands Wirtschaft, Währung und Finanzen, Zentralverlag G. m. b. H. 1924, S. 78.

[2] Preußische Gesetzsamml. 1923, Nr. 65, S. 478 ff.

rechnung für Leistungen von Betriebswerken öffentlicher Körperschaften wohl das Haupthinderungsmoment beseitigt ist, welches eine Anpassung dieser Einnahmen an die Geldwertänderung bisher verhindert hat. Allerdings bestehen hinsichtlich der Einnahmen von solchen Vermögenswerten, welche durch Verpachtung genutzt werden, Schwierigkeiten insofern, als diese Pachtbeträge vielfach auf Grund eines Durchschnittspreises eines längeren Zeitraums errechnet werden, so daß sich diese Einnahmen nicht unmittelbar der Geldwertänderung anpassen.

Wir haben nunmehr aus den bisher festgestellten Tatsachen den Schluß zu ziehen, ob die Umstellung des Haushalts auf Gold, und zwar auf Grund der bisherigen Regelung dieser Frage, tatsächlich diejenige Änderung der Voraussetzungen für wertbeständige Anleihen, insbesondere für Goldanleihen, gebracht hat, welche in dem neuen Standpunkt Preußens hinsichtlich der Goldanleihen zum Ausdruck kommt. Wir wollen hierbei unterstellen, daß andere Störungsmomente als die hier genannten nicht vorkommen. Wir müssen danach zweifellos zu dem Ergebnis kommen, daß infolge der aufgeführten Friktionen mit einer unmittelbaren Anpassung der Einnahmen an Geldwertänderungen auf Grund der bisherigen Regelung nicht gerechnet werden kann, daß infolgedessen durch die bisher erfolgte Umstellung des Haushalts auf Gold die Grundbedingung für die Wandlung in der Anleihepolitik nicht gegeben ist. Dieses Urteil sagt, daß grundsätzlich in einer so gearteten Umstellung des Haushalts auf Gold die Grundlage für Goldanleihen nicht gefunden werden kann. Es läßt jedoch die Möglichkeit offen, daß eine anders geartete Umstellung des Haushalts auf Gold, bei welcher die genannten oder andere Störungsmomente nicht eintreten, tatsächlich die Grundlage für Goldanleihen bilden kann. Es ist mit diesem Urteil auch keineswegs ein Urteil gesprochen über die tatsächlich erfolgte preußische Regelung der Anleihefrage; denn bei einer solchen politischen Handlung kann in Fällen, wo eine augenblickliche Notlage besteht, eine zwar noch nicht vollendete, jedoch in ihren Grundzügen ersichtliche Entwicklung berücksichtigt werden, in diesem Falle die Entwicklung, welche darauf hinzielt, in immer vollkommenerer Weise die Einnahmen den Geldwertänderungen anzupassen.

E. Schluß.

Wenn man im Frühjahr 1923 ein Urteil über die Bedeutung der wertbeständigen Anleihen abzugeben hatte, dann erschien bereits die Annahme optimistisch, daß die wertbeständigen Anleihen berufen seien, in der Zeit schwankenden Geldwertes die Grundlage zu bilden für eine großzügige aktive Wirtschaftspolitik öffentlicher Körperschaften. Wenn wir heute darüber zu urteilen haben, dann wissen wir, daß jene Annahme nicht zu weit ging. Die wertbeständigen Anleihen haben es besonders ermöglicht, eine großzügige Politik hinsichtlich der Ausnutzung der vorhandenen Wasserkräfte und der Elektrifizierung weiter Wirtschaftsgebiete auch im Jahre 1923 zu betreiben. Sie haben große Kapitalbeträge bedeutungsvollen produktiven Anlagen zugeführt, während die Beträge sonst wahrscheinlich einem unproduktiven Konsum zugeflossen wären. Aber die wertbeständigen Anleihen haben darüber hinaus eine nicht zu erwartende Bedeutung erhalten: sie sind Wegbereiter und Rückhalt eines neuen Geldes geworden, welches Deutschland seit der zweiten Hälfte des November eine neue Stabilität des Geldwesens gebracht hat, Wegbereiter und Rückhalt der Rentenmark. Denn was sind die Rentenbriefe, welche die Deckung der Rentenmark bilden, anders als eine Goldwertanleihe; und die Erfahrungen, welche vorher mit den wertbeständigen Anleihen gemacht waren, ließen diese Deckung als brauchbar erscheinen, so daß tatsächlich das Vertrauen in das neue Geld groß genug werden konnte, um die Verminderung der Umlaufsgeschwindigkeit herbeizuführen, welche die Voraussetzung war für das Gelingen des ganzen Experiments. Und außerdem haben die wertbeständigen Anleihen eine weitere Bedeutung gewonnen. Man hatte sie für eine Übergangslösung gehalten, neben der bei der nächsten Stabilisierung des Geldwesens sofort wieder die bekannte, auf Währungsgeld lautende Anleihe erscheinen würde. Es ist nun festzustellen, daß auch nach der im November 1923 erfolgten Stabilisierung die Papiermarkanleihe keinen Boden mehr gewonnen hat, daß vielmehr die wertbeständige Anleihe heute als Anleiheform ausschließlich in Frage kommt. Sicherlich werden die öffentlichen Körperschaften nach einer endgültigen Stabilisierung des Geldwesens bemüht sein, wieder zur Währungsgeldanleihe überzugehen; ob aber nicht auch dann die Beifügung irgendeiner

Goldklausel, welche die Anleihe tatsächlich zu einer wertbeständigen Anleihe stempelt und die Anleihegläubiger vor dem Nachkriegsschicksal der Obligationenbesitzer schützen soll, notwendig sein wird, um ausreichende Kreditquellen zu erschließen, das mag der Zukunft überlassen bleiben.

Printed by Libri Plureos GmbH
in Hamburg, Germany